曽我部恵一

ねじ式 つげ義春作品集
PUNK 365
EDWARD HOPPER
TASCHEN
MEXICO
MEXICO

GO TO MOON

6:57
Live 東京スカイツリー周辺
速報
“442年ぶり月食”半分超
この後「皆既食」×「天王星
全国で観測できる天体

アイ·コンロ
2.9kW

いい匂いのする方へ

曽我部　恵一

まえがき

エッセイをすべて書き終え、さて、と推敲《すいこう》を始めた。三篇ほど推敲したところで、担当編集の平井さんから「……もとのほうがよかった」とメールが届く。いわく「もとの文章のほうがやさしくユーモラスでした」。若干、言いにくそうに伝えられ、ぼくは唖然《あぜん》とした。とまどってしまった。最初のものは急いで書いた下書きで、もちろんそれをがっちり推敲して、ちゃんとした文章にするつもりだったのだ。もとの文章は音楽でいえば、デモテープ。まさかそのまま人前に出せるはずもない。

締め切りまで1週間。悶々《もんもん》としながらたっぷり1週間悩んだ。そういえばこんなふうに立ち止まったことって、今まであっただろうか。その間にいろんなことを考えた。文章をきれいに書き直して、自分をだれにどう見せたいのだろう？自分の何を伝えたいのだろう？　美しい理想の創作物と「やさしくユーモラスなもの」の狭間《はざま》で揺れた。揺られているうちにぼんやりと締め切りは過ぎていった。音楽を聴くことに関していうならば、ぼくはデモテープに横溢《おういつ》する純粋さや、ボーカルのテスト録音に宿る完璧さを知っている。どちらかといえば、ぼくはそういったものこそを愛している。それらは演者自身にとっては多くの場合、不名誉なものだったりするのだけれど。

結局、自分にとっての答えは出なかった。それだったら、と「もとのほうがよかった」の声になびいてみることにした。自分は何者なんだろう？　そんな身も蓋《ふた》もない疑問に、自分自身ではまだ解答を用意することができないようだ。ならば、だれかにそれを見つけてもらうというのも悪くないのかも、と思ってみる。いずれにせよ、この決断には少しばかり勇気がいった。

このような事情で初の書き下ろしエッセイ集は、ぼくにとっては少々、というか、けっこうはずかしい代物になってしまった。不完全な自分が、たぶんここにはいる。だとすると、不完全な自分とはいったいどんな自分なんだろう。ぼくは完全な自分を描こうと思ったのだ。

目次

夢からさめて

夢の中でめちゃくちゃいいメロディに出会うことがある。夢の中だから自分好みに盛られていて、劇的で、超最高に響く。しょっちゅうあることではない。ごくたまに。数年に一度くらいだろうか？　いや、もうちょっと少ないかも。出会いはするのだが、それがリアルな世界で1曲になることはほとんどない。自分でそう認識できている〝夢で聴いた曲〟は、2020年に出した「雨が降りそう」という1曲だけだ。

ぼくは失恋していた。ひどく落ち込んでいた。体を動かすことも億劫《おっくう》で、ずっとべッドで死んだように横たわっていた。「今夜でっかい車にぶつかって死んじゃおうかな」という「春の風」（'20年）の冒頭の歌詞は、文学的な表現でもなんでもなく、単にその頃の自分の心のありようだった。恋人に捨てられたのだった。失恋して死のうかと考える中年という図は歌にもならぬ無様さではあるが、夢の中にだけは逃げ場所がある。ぼくは死んだふりをしながら、いつの間にか眠りに落ちているのを待つ日々を過ごしていた。そんななかで友だちからショートメールが届く。元恋人のことを知っていて、だけどぼくと彼女が付き合っていたことは知らない、という友だちからだった。「彼女、結婚したんだってね！　めでたいね〜」というような、腹立たしいくらいにひねりのない文章だった。説明するまでもなく、元恋人はぼくを捨て、ときを待たずに他の男と結婚したのだ。暗澹《あんたん》たる気持ち、というものが本当にあるとしたら、ぼくはまさしくそれになった。ベッドにもぐり込もうにもベッドの中でそのショートメールを読んだのだから、さらにもぐり込む場所は毛布の中の暗闇しかなかった。頭から毛布をかぶると、あらゆる記憶や色彩や感情が無に帰すようなさみしさが、頭のてっぺんからつま先までを包んだ。そしてぼくはまた、眠りの中へ戻ろうとただ目を閉じた。

夢の中で新宿に似たような街にいた。ドンキに似たような猥雑《わいざつ》で安っぽい賑《にぎ》やかさにあふれた店に入った。ぼくは何かを探していた。日用品のたぐいだったろうか。食器用スポンジとか、何かそんなものを買おうと。ふと店内のスピーカーからそのメロディが流れる。やわらかいメロディラインは突き刺すようにぼくの耳に届く。今年のヒット曲なのだろうか。他の客は何食わぬ顔で買い物を続けているが、ぼくの足は止まる。その歌はぼくの体を強引に捕まえてしまう。「曇り空、午後三時東京。賑わいでく、色づいた雑踏」。軽く韻まで踏んだそのソウルフルなメロディが、夢の中から現実へぼくを戻そうとする。サビが聴こえてくる頃にはぼくはその場にへなへなとしゃがみ込み、うなだれて静かに嗚咽《おえつ》していた。まわりの目も気にせずに。

適当に笑って生きてた過去なんてないから

今、涙があふれるの止めることもできないから
ごまかすための道具も逃げ場所も持ってないから
今すぐにここで立ち上がることなんてできないから

雨が降りそう…。

目が覚めて、ベッドの上で急いでその歌を書き留めた。メロディや歌詞の細部まで覚えていたし、夢の温度が体に残ったままだった。そのあと、聴こえていたままに録音した。果たしてこれはぼくの曲といえるのだろうか。できあがってスタッフに聴かせた。「いいですね」と言ってくれる。「ねえ、この曲、なんだっけ？」とつい口に出てしまう。「え？」と不思議そうな顔をされた。

夢の中で出会った曲の著作権はどこにあるのだろうか？　この曲は夢の中のぼくが歌っていたわけじゃなく、店内放送で流れていたのだ。では、だれの曲として？　今から確認にいこうにも、その世界は遥《はる》か遠く。というより、もう戻れない場所にある。さようなら、うやむやになってしまった歌い手よ。いつかまた彼に出会うことがあるだろうか。愚かなことに、ぼくはこの曲を〈作詞作曲・曽我部恵一〉と登録してしまっている。今になって聴き返すと、悲しそうで苦しそうな声で歌っている。どうしてもその曲が欲しかったのだろうと思う。

ごくまれに、夢の中でめちゃくちゃいいメロディに出会うことがある。ただ、目覚めてそれを書き留めようとしても、なかなかうまくいかない。まるで風のように頭の中を過ぎ去ってしまってちゃんと思い出せないか、現実の世界で歌ってみてもぜんぜんいいと思えないか。たいていの場合、そのどちらかだ。

コーヒーに最強に合うスイーツについて

喫茶店に行く回数が減った。コロナの影響もあるかもしれない。地方に行く仕事が増えて、喫茶店に行く余裕がなくなったというのもあるかも。でもいちばんの大きな理由は、抽象的になってしまうけど、自分の速度が喫茶店のそれと合わなくなったからかもしれない。

4年ほど前に運転免許を取ってからというもの、どこへ行くにも車になった。地方でも、都内でも、どこでも。下北沢の喫茶店へ車で行くことはさすがにないが、人生の拠《よ》って立つ速度が車のスピードになったのかもしれない。どんどん抽象的な表現になってしまうが、喫茶店の速度は徒歩の速度である。百歩譲って自転車。それもママチャリ程度の速さの。それに対してぼくは今、猛スピードの中にいる。同時に本もあまり読まなくなった。部屋には読みたくて買った本が、アフリカの蟻塚《ありづか》のように積み上げられている。ときどきそれを眺めていると、いつかそれはまとまってひとつの生き物になって動き出すのじゃないかと思ってしまう。あくまで個人的見解だけど、読書もゆったりした時間の流れと親和性が高いものだと思う。少し車のせいにしすぎたかもしれない。いや、車で緑の中へ出かけていってそこでのんびり読書する、なんてのはもちろんアリだ。ぼくが言っているのは、ぼくの志向する生きる速度が速くなったということだ。

免許がないそれまでの人生は自転車乗りだった。子どもたちの幼稚園なんかの送り迎えも自転車だった。雨の日も風の日も、雪の日も、二日酔いの朝も。大変だったとはあまり感じていなくて、楽しかったと思っている。その速度感も含め。振り返れば幼い子どもたちが成長する速度も、自転車の速度に似ていなくもない。ゆっくりのんびり。かろうじて前進しているうちに、気づけばどこかにたどり着いている。よしんば、それが当初の目的地じゃなかったとしても。

車に乗るようになって、様子はちょっと変わってきた。出発地から目的地へ。最適なコースを最速で走り、もっとも効率よくたどり着きたい。人間が作った文明の利器の、そのピークを感じる。運転していると、人間と機械の中間に自分がいるような気がしてくる。やっとJ・G・バラードの『クラッシュ』という小説の最高さがわかった。生き急いでいるわけじゃない。人間が築いたある道に立ってみたのかもしれない。そこは速さと効率を競い評価し合う場所でもあった、というところだろうか。同時に少しさみしい。あの、汗だくになりながら子どもふたりを乗せて自転車をこいでいたぼくはどこに？　今頃はどのへんを走っている？　そして、喫茶店でひじをついてノートに何かを書いては消していたぼくは？　どこの街の喫茶店で粘っているのだろう？

ミネラル・ウォーターとコンビニのコーヒー。そんなものばかりになってしまった自分を肯定するため、そして少しばかりの懺悔《ざんげ》も込めて「コンビニのコーヒー」（'20年）という曲を作った。聴いてみてほしい。悪くない曲だよ。はじまりは、こう。「コンビニのコーヒーは美味いようでなんとなくさみしい、恋も冷めるもの…」

追伸。コーヒーに最強に合うスイーツをきみに教えようと思う。それは間違いなくチーズケーキ。アイスコーヒーのときはレアチーズケーキにしてくれたまえ。

下北沢ラプソディ

下北沢あたりに住みついて20年以上経つ。結婚するまでは明大前という、それでも下北沢から井の頭線急行でひと駅という場所に長く住んでいた。結婚して、できちゃった結婚（この言葉、まだ生きてます？）だったので、子どもを育てるということも考えて、下北沢の街から少し外れた小さな一軒家に引っ越した。それからずっと下北沢だ。ぼくも当時の奥さんも地方出身だったので、下北沢ののんびりした時間の流れが落ち着くね、と話していた。住んでいる街だから毎日のようにうろうろするわけで、街の変化みたいなものには逆に疎い。何年かに一度しか来ない人のほうが、変化に敏感だと思う。街はゆっくり変わっていって、気づけば、そういえばあの店ないよね、とか、あの駐車場があるところって前はなんだったっけ？ということになる。よく「シモキタ、すごい変わっていってますよねー」と言われるが、そんな理由であまり実感がない。ぼくは下北沢しか知らないのだけど、他の街もそうなんだろうと思う。昔、恋人が住んでいたのでよく通った街、祖師ヶ谷大蔵に十数年ぶりくらいに行ってみたら、同じ街とは思えないほど様変わりしていて驚いた。それだって、ずっと住んでいる人にしてみたら「そんなに変わらないよ？」くらいのことかもしれない。

そんなわけで（どんなわけだろう？）２０２２年現在、下北沢の中心部は古着屋だらけになっている。携帯ショップだったところも、レンタルビデオ屋だったところも、音楽事務所だったところも、スニーカー屋だったところも、ぜんぶ古着屋に。なんだったら、古着屋だったところがまた別の古着屋になっていたりもする。古着屋戦国時代、という擦り切れたような言い回しもしてみたくなるような状況。で、どの古着屋にも若者たちが出たり入ったり、盛況に見えるのだ。７００円均一の店もあれば、Ｔシャツ1枚4万円という店もある。ぼくらが20代の頃に着ていた90年代のバンドTシャツは、押し並べて高値がついている。ついこないだまでタンスの隅でくしゃくしゃになっていたやつがだ。ニルヴァーナもダイナソーJr.もペイヴメントもソニック・ユースも。みんな捨ててしまった。後悔しても手遅れ。「なんで捨てちゃったのー!?」とガキの頃、親の世代に言ったものだった。ついにそれを言われる側にきてしまったようだ。だって、そんなに高くなるって夢にも思わなかったし…そもそも90年代って、ついこないだだよ? 違う? え…ビンテージ?

そんなわけで(どんなわけでしたっけ…)、うかうかしていたら自分がビンテージになってしまう時代なのだった。街は変わる、店はなくなる、モノもなくなる、人は死ぬ。結局ぼくは今、断捨離はするな、という結論にたどり着こうとしている。「いつかだれかが欲しがるから」。そういえば自分がやっているバンドのライブでも、いつからか自分の子どもくらいのお客さんがけっこういて「サニーデイ・サービス、エモい、最高」などと言われるようになった。エモいだろ?と返すのだが「エモい」の正確なニュアンスは、いまだつかみきれていないのであった（ある日、中学生の長男がピンクのグラデーションに染まった夕焼け空を見て「空、めっちゃエモい」と言ったので「ああ、それな〜」とちょっとだけ合点がいった）。

そんなわけで（そんなわけですよ、きっと）、早川義夫が歌った「心は変わりやすいけど　ほんとは何もかわっちゃないのさ　まわりだけがぐるぐるまわるのさ」が、少し身にしみてわかるようになってきたこの頃なのです。

いつかのぼくへの短い手紙

前略、いつかのぼくへ。

お元気ですか。ぼくは元気です。

最近は中2の息子が大変で、毎日彼と格闘しています。いや、実際に格闘するわけじゃありませんが、精神的にです。彼の分裂しそうな自我は今、真っ暗な宇宙空間を彷徨《さまよ》う宇宙船のように孤独でしょう。答えのない疑問やあらゆる矛盾にぶつかっているのでしょう。つまり、思春期というやつです。きみは同じくらいの年齢だから、まだ体にその疼《うず》きが残っているかもしれません。あの、皮膚の下を未知の生物が這《は》いずり回るような不快感が。ぼくはすっかりそんなことは忘れてしまっていたのです。もう何十年も経っているから。でも、息子がそんな季節を迎え、ちょっとだけ思い出しました。きみは特に母親を心配させたね。父親はもう放っておけという態度だった。何にどんなふうにぶつけていいかわからないエネルギーを持て余して、怪獣みたいな喚《わめ》き声や、確かな存在に対する拒絶や、自分に対する否定になってそれは現れた。もちろん、親に矛先が向くことも少なくなかった。なにしろ自分のテリトリーに確固として存在する、ほぼ唯一の権威だからね。親はまあ、それを受け止めてくれた。受け止めざるをえなかった、というところだろうけど。今の自分がそんなふうだから、よくわかるよ。

自分が親になって再び、そんな中二病（今はそんな言葉があるんだよ。まさに中二のヤツらがかかる病気さ。青春のイニシエーションといってもいいかもね）と格闘する日々がくるなんてことは、知らせてほしくなかったかな。もしそうだったら、ここでこの手紙を破り捨ててもいいよ。そう、机の横の、あのグリーンのゴミ箱に。うん、きみが破り捨てなかったとして、聞いてほしい。ぼくは息子を愛している。当たり前だ。でも彼は今、愛ってものがわからない。もっと幼い頃には揺るぎなかった「好き」って気持ちが、形を求めて、いや逆に、永遠の見えざる命を求めて脱皮しようとしているところなのかもしれない。

そう、彼は今、脱皮しようとしているんだよ。蝶《ちょう》の脱皮をきみは見たことがあるかい。やわらかで、のそのそ、もぞもぞとそこらじゅうを這い回っていた幼虫はある日、突如として寡黙《かもく》な、何も喋《しゃべ》らないサナギになる。沈黙の中に、決意や、それこそ幼年期の死が見てとれるだろう。そのうち彼の体には鮮烈な亀裂が入り、中からもうひとりの新しい彼が姿を見せる。ゆっくりとゆっくりと。新しい彼が完全に姿を現す頃には、朝日が昇っている。今日いちばんの光が、彼の羽を輝かせる。まだ飛んだことのない、その透明な羽を。サナギだった彼の古い表面は脱ぎ捨てられ、もうどこかに消えてしまった。彼はゆっくりと呼吸をしている。次の行動のために、息を整えるように。

残念ながら、ぼくの家にまだその朝はきていないよ。あとどのくらいだろうね。でも、きっとそんな朝が訪れるって、きみもぼくも知っているよね。だって、ぼくらふたりとも、その中に佇《たたず》んだことがあるんだから。

長くなってしまったね。今夢中になっているきみのロックへの情熱が、これからもずっと続くことを祈っているよ。それと、この手紙がグリーンのゴミ箱に捨てられていないことも。

それでは、またいつか！　良き日々を。

草々

2022年11月　今のぼくより

ギター

ぼくの唯一の仕事道具はギターということになる。マイクなんかはだいたいスタジオやライブ会場にあるものだから、持参するのはギターのみ。仕事道具だ。数えてみたら、エレキギターが8本、アコースティックギターが4本あった。よく「ギター、何本くらい持ってるんですか?」と尋ねられたりする。そういう場合はおそらく「何十本（ヘタしたら何百本）」という数字を期待されているんじゃないかな。だから、エレキとアコギを合わせても12本、というのは拍子抜けの数なのではないだろうか。

これまでかなりの本数のギターを買って、今の12本に落ち着いた。それこそ何十本も手に入れ、そして手放してきた。音楽をやり始めてからずっとそういうことを繰り返してきて、ようやく今、もう楽器は買わなくてよくなった。やっと自分にぴったりの道具を手に入れたのだ。弾かない楽器を持っていても楽器がかわいそうだから、弾きそうな人が知り合いにいたら譲ったりしてきた。最近だと、ギルドという会社のアコギをファンの人に売った。アルバムでいうと『愛と笑いの夜』（'97年）あたりから『LOVE ALBUM』（'00）くらいにかけてのレコーディングはずっとこれだった。そのあと好きなアコギに出会ってからは、まったくケースから出さなくなった。調整するなどして再度使おうと思うのだが、新しいギターに勝らず、出番はないまま。そんな年月が長く続き、ようやく手放す決心がついた。楽器屋さんに売却するより、ファンの人に弾いてもらいたかった。ゆるやかなつながりが残るような気がしたのだ。手放す側のわがまま満載な話ではあるが…。かつて愛着を持っていたのだから、使わなくなってもせめて手元に置いておいては、という発想もなくはない。でも、使われず手元に置かれているそのギターは、そんなつもりでこの世に誕生したのだろうか。

そう考えたらぜったい、だれかに弾いてもらったほうがいい。今、頻繁に使っているギターは12本のうちの半分くらい。もう半分のギターは、いずれ手放すかもしれない。手放すきっかけを、ぼくは待っているのかもしれない。

ぼくが死んでしまえば、メインで使うギターは0本だ。そんなときはだれか、ぼくのギターを譲り受け、弾いてくれることを希望したい。子どもたちが弾いてくれるなら嬉しいけど、今のところギター弾きになりそうな子どもはいないな。たくさん集めているレコードもぼくが死んだら聴く人がいないのだから、売られていくべきだろう。と考えると、今持っているものは、自分が生きている間に必要なものであるべきだという思考にたどり着く。そこからしか、モノを大切にするという行為は生まれない。むやみに断捨離をしようとかミニマリストになろうとかはまったく思わないが、自分に必要なものを持って生きている、ということは気持ちがいいことに思える。自然とそういうふうにできている人たちがいる。そういう人はかっこいい。ぼくはいろいろごたくを並べながらも、そんなふうになれないのだけど。

水辺の生活

たまたまだけど観葉植物を好きになって、そこから観葉植物の水耕栽培をしてみたら楽しくて、やっぱり自分は水が好きなんだなあ、などと思ったところから、家に睡《すい》蓮《れん》鉢があって 水草が浮いていて そこにメダカなんかがいたら…という妄想が抑えられなくなって、今ぼくのウチにはメダカが3匹いる——

福島の猪《い》苗《なわ》代《しろ》湖で行われるフェスに行ったとき、近くに植物屋さんがあって、そこでかわいい感じの睡蓮鉢を見つけた。これは運命だなと思ったので、すぐに購入を決めた。「たぶん中国製だろうね〜」と福島訛《なま》りで喋る店のおじさんはやさしくて、ダンボールと大量の新聞紙をくれて、帰路に割れたりせぬよう気遣ってくれた。

翌日、土を入れ、水を張り、水草を入れた。本当は睡蓮を育てたいのだけど、調べてみるとなんだか難しそうだったので、最初は諦め、比較的育ちやすい水草が寄せ植えになったようなやつを入れた。水質が安定するまで数日、そのままで待つ。はじめは濁っていた水も、翌日にはきれいに澄んだ。身のまわりに水があると、なぜか落ち着く。なぜかはわからないけど。

数日後、近所にできたばかりの水生生物と植物の店に出かけた。地下に秘密基地のような飼育&栽培部屋がある、なんとも素敵な店だった。そこでメダカのことを詳しく教わった。メダカは水の温度に自分の体を合わせていく生き物だから、冬でも外で生きられるのだそうだ。適応能力が高いということだろう。それでも店員さんは「慎重にやりましょう。寒くなりかけていて、外で飼育を始めるには適さない季節ですから」と言った。そこでまずは3匹を入れることにした。本当はぼくは10匹も20匹も入れたかったのだけど…。「そもそもメダカを飼うなら、1リットルに対して1匹と思ってください」。ということは、ぼくの鉢は9リットルだから、9匹ということか。で、なんで3匹なんですか？　2匹じゃダメなの？「2匹だとパワーバランスが明確になって、片方が片方をいじめたりすることがあります。3匹だとそのバランスが分散されるので」。なるほどねえ、そういうものか。「そのメダカですが、1匹50円のメダカと、1匹500円のメダカがいます」。え⁉　で、見せてもらった500円のメダカは背中に蛍光ブルーのラインが入った白い個体で、確かにとてもきれいだった。50円のほうはなんだか、野暮ったいような…。「ちなみに、個体の生命力などはまったく同じです」

というわけで、今ぼくのウチにはメダカが3匹いる。1匹50円のメダカが。メダカはとても臆病な魚で、ちょっとでも人の気配がすると、さっと水草の奥に逃げ込んでしまう。はじめは餌をパラパラあげても、実際に食べ始めるまでには数分かかっていた。でも、今ではぼくが近寄ると「ん？　エサ？　エサ⁉」という感じで水面近くをあたふたするようになった。メダカに餌をやる時間、約15秒。仕事の合間のそんな15秒は、ぼくにとってとても大事な時間なのだ。

レコードを聴きながら

レコードを聴きながら想うのは、まず自分の人生のこと。そして次に、そのレコードで演奏しているその人の人生のこと。音楽は「わあ！　いいなあ！」でよいのだ、本当は。それ以外のことは重要じゃない、最初は。でも、たとえばビートルズを好きになっていろんな曲を聴いているうちに、この人はどんな人たちなんだろう、と考える。ジョンはガキ大将的な性格だったみたいだけど、両親がいなくて親戚のおばさんに育てられたらしい。それでソロアルバムの1曲目で「マザー」と歌っているそうだ——だれかが言う。ストロベリー・フィールズってリバプールにある孤児院の名前からきてるらしいぞ？——別のだれかが言う。ジョンのことが少しわかる気がしてくる。そんなふうに音楽は、それを作った人の人生と切り離すことができない。

日本のミュージシャン、特に男性ミュージシャンはかつて、私生活を見せないという美徳を採用する人が多かった。結婚しても子どもができても、いちいち言わない。結婚したことを公言していないのだから、子どもにどんな素晴らしいことが起きても言う機会がない。自分の居場所はレコードの中だけ。そこで大事なことはすべて伝えているから、とても言いたげな表情。趣味も公言する必要はなし。もちろん失敗やカッコ悪い部分なんてもってのほか。そんなロックスターがたくさんいた。かつては。ジョン・レノンはそんなこと、おかまいなしだった。醜態も性器も全部さらして、私はここにいる、と宣言した。その思想や奔放さにバッシングも少なからずあった。だから、ジョンの音楽はぼくたちにダイレクトに伝わる。ジョンの音楽を聴く人は、ジョンのことを少なからず知っているから。しかしエンターテインメントがドキュメントと密接に結びついてしまった現在、私生活を公言しないロックスターなんてもう、前時代的な存在だ。ざまあみろ、と言ってやれ。

そういえば、こんなことを思い出した。ぼくが自分のライブのあとに自ら物販コーナーでCDを売ったりサインをしていると、それを見た別のバンドの女性スタッフが「アーティストはそんなことやっちゃダメ〜」とふざけた感じで言ってきた。15年くらい前のことだ。ぼくは珍しく激昂《げきこう》してしまった。お前にそんなことを言われる筋合いはない、と。15年前はまだ物販に立つミュージシャンは少なかった。ぼくは主流じゃないとか少数派だとかは気にしないで、そのときやりたいこと、やろうと思ったことをやっていただけだ。もちろん、それが正しいとも思ってはいなかったが。今ではそのバンドもメンバー全員で精力的に物販に立っている。こないだ一緒になったら、チェキまでやっていたから笑った。ざまあみろ。

エンターテイナーに限らずスポーツ選手や政治家も、自分のあるがままの姿を表明するようになった。素晴らしいことだと思う。性的な指向や生い立ちをだれもが隠す必要のない世界になればいい。それを隠さざるをえなくさせた、暗くよどんだ長き時代に中指を立てよう。

レコードとは文字どおり「記録」である。レコードを聴くことは、だれかの声を聴くことである。確かにだれかがそこにいたのだ。レコードをターンテーブルに乗せる。だれかがこう叫んでいる。「ぼくだよ！　ぼくはここにいるよ！」と。

からっぽの世界

しかしずいぶんと人に迷惑をかけて生きてきたな、と思う51歳の秋なのであった。なぜかというと、担当編集女史が「次は『人との関わりで大切にしていること』というテーマで書いてみて」と言うからだ。ぼくは20代前半でデビューしたので、プロで仕事を始めて25年はゆうに経つ。振り返ると、そのうち20年くらいは「メイワクなヤツ」だったと自覚している。メイワクなヤツ、または「失礼なヤツ」。または「高慢なヤツ」。そのいずれか。もしくはそれらすべて。20代のうちはとにかく自信ばかりが肥大化している。歩く自意識のようなものだ。歩く自意識が向こうからやってくるのである。テクテクと。そんなときにデビューしてCDなんかをリリースして人前に立ったりするのだから、それら過剰な自意識が中途半端に満たされるばかりで、自分を省みる機会はあまりないのである。これは自虐的に言っているのでもないし、謙遜的に発言しているわけでもない。単にそんなふうに生きていたのだ。それを良いとも悪いとも思わず、当たり前のように。そんなふうなので、今も関係が続く多くの人たちや、今はもう会わなくなったたくさんの人たちに「ごめんなさい」という気持ちがいつもどこかにある。直接謝る機会もないし、ぼくが突然「あのときはすみませんでした！」とだれかを訪ねてもただ不安をあおるだけなので、これからの生き方で「ごめんなさい」をしようと思っている。

「袖振り合うも多生の縁」という言葉が好きになったのはいつ頃だろうか。コンビニの店員の外人さんでも、満員電車で隣り合わせたサラリーマンのおじさんでも、タ

クシーの運転手さんでも、エレベーターに乗り合わせたお姉さんでも、みんなどこか縁でつながっているのだと思えば、自然とやさしくなれる。やさしくなって、オープンになれたらいいなと思う。そしてざっくばらんになって、だれもが何も気にせず互いを受け入れ合えたなら。そしたら、ジョン・レノンが夢に見たあの世界はもうそこにあるんじゃないかと思う。つまり、ぼくはずっとそういうことがまったくわかっていなかったのです、ハイ。

個としての自分を大切にして、その世界観を濃く強くしていく。ひたすら内面へ内面へ。芸術のひとつの方向性ではあるかもしれないけど、そこにはのんびり気持ちいい風は吹いていているだろうか。

想像してほしい、真っ白な世界を。真っ白い部屋に、あなただけがいる。塵《ちり》ひとつ落ちていない場所。そこであなたは満足している。自分だけの美しさがある。やがて訪れる自問する時間。なんとなくさみしくなる。でもそのさみしさも、あなたから出てきたもの。

そのうち真っ白い部屋に窓を描いてみる。窓の向こうには光がある。朝なのかもしれない。夏なのかもしれない。おそるおそる窓を開けてみる。だれかの声が聞こえる。笑い声。心細そうな声。大きな声。何かを呼びかけるような。それらすべてが歌なのかもしれない。楽しくなって窓から顔を出す。空がある。街がある。子どもがいる。老人がいる。若者も中年もいる。おもしろくなって、あなたは声を出す。だれかに呼びかけるように。そんなすべてが歌なのであって。

そういう世界にぼくはいる。あなたも、みんなも、そんなふうな世界に暮らしている。風が吹く、美しい世界だ。今日もその世界が続いている。

だから「ごめんなさい」もあるけど、もうひとつ、もっと大事なのは「ありがとう」ということだ。「ごめんなさい」と「ありがとう」。考えてみればそれは、幼い頃いちばんはじめに教わるふたつのことだ。

結婚とは？

結婚の話になると「自分は1回失敗しちゃってるんで…」と卑屈になってしまうクセがあるのだが、これは今後、直していきたい。むしろ失敗と言っちゃっていいのか。結果としての離婚は存在するが、かけがえのない幸せも確かにあったはずだ。なんといっても、ぼくには子どもたちがいる。失敗なわけがない。バンドはいつか解散するのがほぼ当たり前で、ずっと続いているバンドのほうが珍しいから、いちいち「オレ、1回解散しちゃってるんで…」とか言うヤツはいない。結婚は何が違うのか。そのひとつは、神前で別れないと誓ってしまうことだろう。ぼくもそうした。そうした以上、誓いを破ることにはなってしまう。その後ろめたさが、なくはない。なのでこれからは、神前の誓いも任意で選択できるようにしていただけたらと思います…。

さて、結婚するという行為はどういうことだろうと考える。好きでどうしても一緒にいたい。そんな場合もあるだろう。というか、その場合がほとんどなのかもしれない。ずーっと惰性で一緒にいるけど、そろそろケジメをつけて結婚しようか、というパターンは少ないのでは。前者の場合、結婚というシステムに自ら飛び込んでいくような格好なので「もうちょっとよく考えてみては⁉」と声がけする余裕はないだろう。まあ、この勢いがあるからこその結婚なのであって。でも、50歳を超えてわかってしまったのは、その「どうしても一緒にいたい」好きは、時間とともに薄れるものだったりする。そんなこと、わかりたくはなかったが。で、その薄れてから、薄れきって何も残っていないところからが本当の結婚生活なのだろうと想像する。そこに結婚の〝醍醐《だいご》味《み》〟があるんじゃないかと。薄れゆく「好き」の中で脱落していってしまう人は多いんじゃないかな。ぼく自身もそうだったと思う。だから、それより先の話はあくまでも想像です。SFみたいなものです。実際に経験していて、ぜんぜん違うよ、ということでしたら本当にすみません。

ぼくのまわりには脱落者もたくさんいるが、何十年も連れ添っている夫婦が何組かいる。子どもがいる夫婦もいない夫婦もいる。ときどき夫婦そろっているのを見かけると、ぼくは楽しい気持ちになる。なんだか羨ましいような気持ちだ。ふたりにそう思わせる雰囲気があるのだ。「いいなあ」とつい口に出てしまったりする。「よくないですよお！」と笑って返されたりする。そう言われるとまた、ぼくは心の中で「いいなあ」と言ってしまうのである。長い結婚生活でいろいろあったのは当たり前だ。抱えたままの言えないことだってあるだろう。だけど、ぼくの前に立つふたりはいい雰囲気を醸し出す。たぶん…ここからは想像だが、結婚生活の〝醍醐味〟期に秘密があるのだろう。気づかれぬようジロジロと観察してみるが、よくわからない。途中で脱落した組だ。「じゃあ、またね」と別れたあともそのいい雰囲気はほんのりと残っていて、ぼくに幸せの残り香のようなものをくれたりする。

あるとき長く結婚している友人に、なんとはなしに尋ねたことがある。「なんで、そんなに長く結婚してるの?」。友人は答えた「ご飯が、うまいんだよね」。そんなことか!と椅子から転げ落ちそうになったが「ご飯が、うまいんだよね」の「ご飯が」と「うまいんだよね」の間にある「、」に、なにやら素敵な含みがあって。ぼくはその「、」に、とてつもなく大きな雲のような、流れ星のような…「愛」と言い換えてもいいようなものが隠れていることに、気づいたんだ。

すてきだな、と思う人

担当編集女史が、今度は「すてきだな、と思う人」というテーマで書いてみよと言う。これ、女性についてですよね？　パッと思いついたのは、自立していて、なんでも自分でテキパキやっちゃえる人がかっこいいなと思う。男に寄りかからない、というか。自分がそもそも人の世話にならないと生きていけない人間である。仕事から生活まで、だれかに手伝ってもらい、お膳立てをしてもらって、やっとできていることばっかりである。現に今も出版社の会議室を空けてもらい、朝から夜まで缶詰にされて、ようやく原稿を書いています…。各種払い込みなんて到底不可能なので、大問題が起こってしまわぬように銀行引き落としにしている。それでもこの10年で少しは、自分の手で生活を前に進めてみよう、という意志は生まれている。今朝も早く出版社に向かわなきゃと思いながらも（遅刻していた）、少し家事をしてきたぼくである。だれか褒めてほしい。だから、区役所の手続きとか、学校の書類提出とか、ビザの取得とか、確定申告とか、そういうことをカリカリと進め、ビシッと終わらせているような女性を見ると、かっこいいなすてきだな、と思ってしまう。ほとんどみんなそうでしょ、と言われたら「そうですね…」と言うしかないのだが、やはり自立した人っていうのに憧れがあるのだ、ぼくは。

親がこんなだから、長女はお金の計算とか生活のこととかを自分でやるようになった。今は留学したいそうだ。ぼくは「いいね」と言うだけで、何もしない。というか、できない。たぶん彼女は留学先を見つけて手続きを済ませ、どこかの国へ旅立つだろう。それに長女は東京の路線もよく知っていて、ぼくが「○○から家までどうやって帰ればいいかな？」と不安になっていると「パパ、それなら駅のここから○○行きのバスに乗ればいいよ」と教えてくれる。いや、そういうことは知っていて当たり前のことなんだろう。でもぼくは、知らないしできもしないから、ああ、かっこいいなすてきだな、と思ってしまうのである。あ、担当編集女史が書かせたいのは、こういうことじゃないですね、たぶん。では、河岸《かし》を変えてみよう。

以前は黒が似合う女性が好きだった。でも、ドラマで共演した女優さんたちが黒い服を着るのが苦手だと話しているのを聞いて、それからは黒い服を着るという行為に、それなりのメッセージ性を感じるようになった。ぼくもずっと黒を着ることが多かったのだけど、自分がなぜ黒を選んでいるのか、ということもよくよく考えてみた。複雑で複合的な結論だから書かないが、以降、黒を着ることはほとんどなくなった。同時に、黒い服の似合う女性に対する興味も薄れた。

年配の女性でおしゃれしている人を見ると、いいな、と思う。おしゃれというのは、笑顔がすてきということだ。若く見せようともせず、ありのままの自分をまとい、それでも笑っていられる。すてきさしかない。自分のこれまでの恋愛を振り返ると結局、好きになった女性の笑顔しか思い出せない。つまるところ、笑顔が最強、という結論。

ハルのこと

長女のハルが大学生になったのは2020年。コロナ禍となって間もない頃だった。希望していた大学に入学できたから、家族はみんな喜んだ。たまたまぼくの父が通った大学と同じで、じいじの後輩になったね、と言い合ったりした。父も嬉しかったんじゃないかな。

でも、授業はいくら待っても始まらなかった。最初の1年は丸っとリモートだった。2年生から徐々に登校する頻度は増えたが、それでも週に2回くらい。ぼくが2浪して東京の大学生になったときは、それまで地元で抑圧されていたいろんな事柄のタガがぜんぶ外れてしまい、入学したもののまったく授業には出ず、ひたすら遊んだ。ただただ遊んで（それでもそのなかに悲喜交々《こもごも》はあったのだが…）4年間が過ぎたとき、気づけばぼくの取得単位はほぼゼロだった。ダメ学生ではあるが、そんなふうに羽を伸ばすのが大学生だと思っているところもあるので、ハルがキャンパスへも行けず、授業も飲み会もなく、自室でリモート授業を受けてはときどき下北沢へとバイトに出かける姿を見ていると、ちょっぴり不憫《ふびん》に思ってしまったりする。思ってしまったりするが、彼女自身は比べるものがないわけで、彼女にとってはそれが当たり前の大学生の姿なのかもしれない。それに、同じ時期に大学生になった人のなかには故郷を離れた人もいるわけで、ホームシックもあるだろうなか、登校もままならず、新しい友だちもできず、という境遇を想像すると、本当にさみしい気持ちになる。そういう人たちのケアはあるのだろうか、ないのだろうか…。ハルは家族と過ごしているだけマシなのかもしれない。

とにかくハルは、そんな時代に大学生になった。それが良いことなのか悪いことなのか、もしくはどちらでもないのか、それは置いておこう。今ぼくには、彼女が落ち着いていて、楽しそうに見えている。そんな状態のときが多い。だから何も心配してはいないのだが…。ハルは悲しいことや不安をあまり外に出さない性格だから、そういう部分が見えていないだけかもしれない。親になって不思議に思うのは、子どもと腹を割って話し合う場面がほとんどないということだ。なんでも言い合える関係でいようと思っても、そんな機会はなかなか訪れない。ほとんどが日常の瑣末《さまつ》な会話、必要最小限のコミュニケーションに収斂《しゅうれん》していく。欧米の人たちのように「愛してるよ」と言い合う文化は、ぼくらにはないようだ。だから、ちょっとしたやりとりに大切な何かを乗せて伝えなければいけない。それはそれで、良いことなんじゃないかな。

あるとき家族LINEに、ハルが学祭のステージで踊っている動画が送られてきた。彼女はK-POPダンスのサークルに入っていて、その発表会があったのだ。みんなとおそろいの衣装で踊るその姿に、幼稚園のお遊戯会や、小学校のキッズバンドのライブで頑張るハルを思い出した。何も変わっていないじゃないか。もちろん、踊りはカッコよくって溌剌《はつらつ》としている。「すごい！」とか「かっこいい！」などときょうだいたちが言う。ぼくも「すごいね～」と返す。こういうことの積み重ねが「愛してる」という言葉の代わりになっていく。それはもしかしたら「I LOVE YOU」よりもカラフルなものなのかもしれない。もっと幼いときのハルの頑張る映像。それは今使っているスマホにはもうなくって、ぼくの記憶のハードディスクに収蔵されているだけなのだが、時折呼び出しては再生している。

ハルが通っている大学にぼくは行ったことがない。入学式もなかったのだ。果たして卒業式はあるのだろうか。あるにせよないにせよ、一度は彼女が大学にいる画《え》を見ておきたい。いつの日かまた再生できるように。

うみのこと

高校生になって、次女のうみは音楽をいろいろと聴いているらしい。らしい、というのは、うみは自分のことを他の人にぜんぜん話さないからだ（小学校高学年の頃からそんな感じで、毎日描いている絵もだれにも見せない）。あるとき、ぼくが出るライブに「一緒に行きたい」と言ってきた。「もちろん。でも、なんで？」とぼくは訊《き》いた。うちの子どもたちはふだん、ぼくのライブには来たりしない。もちろん、ぼくの音楽も聴いたりしない。ちょっとさみしいが、自分の親が汗だくで必死で歌っている姿を見るのなんて、なんだか気後れするだろう。というか、はっきりいうとイヤだろうな。容易に想像できる。ぼくも子どもの頃、母親が聖歌隊に参加していたから、発表会を見たりするのはなんというか…ちょっと居心地の悪い気分だった。親が恍惚《こうこつ》として歌っている姿というのは、子どもにとってはなんというか、こう、不気味なものなのである。

まあ、そんなわけで親のライブには来ない彼女が「行きたい」と言う。少ししつこく理由を尋ねると「大森靖子が出るから」としぶしぶ認めた。ふだん自分のことを語らないうみがそんなふうに言うことが、ぼくは嬉しかった。自分のライブに彼女が来ることへの嬉しさもあったかもしれない。それで、勇んで会場へ向かったのだった。ぼくがプレゼントした大森さんのレコードを持って。大森さんとは面識があったので、サインをもらおうということになった。うみの大好きな歌手に会わせたかった。親バカ全開であるが許してほしい。大森さんの出番が終わって楽屋を訪ねると、うみは死ぬほど緊張していた。ぼくもなんだか、死ぬほど緊張してしまった。うみが大森さんを前にただうつむいて立っているので、ぼくが代わりに話し始めた。「あの…サインをもらえますか…?」。そんなぼくらに大森さんは、とってもやさしく接してくれた。レコードジャケットを持つうみの前にしゃがんでサインをし、彼女に何か話しかけた。そして「ありがとう」と言った。うみは何も言わず小さく頷《うなず》いていた。ちょっと涙ぐんでいるのがわかった。自分の楽屋に戻り、よかったねえと言うと、彼女はまたこくりと頷いた。それが3年くらい前の話。うみの部屋に入ることはほとんどないが、あのレコードジャケットは今も、部屋のどこかに飾られているだろうか。

東京初期衝動のこともうみから知った。ぼくも好きになって、車でふたりで何度か聴いた。そのうちバンドにもぼくが聴いていると伝わって、コラボレーションすることになったりした。そのことをうみに話すと「え!」と言ってニヤけていた。銀杏BOYZも好きみたいで「パパ、知ってる?」と訊くから「うん、友だちだよ」と返すと、そのときも「え!」と目を丸くしていた。そして小声で「すご…」と言った。浅野いにおの漫画が欲しいと言われ、買ってあげたこともある。立派なサブカル少女になっているのかな。浅野いにおの漫画を読んで、彼女はどう感じているのだろう。いつかそんな話ができたらいいなと思う。

半年ほど前のある夜、下北沢でたくさんのバンドが出るオールナイトイベントがあった。ぼくもそこに出る予定だったのだけど、久しぶりにうみが「行きたい」と言う。東京初期衝動が出るからだろうと思ったけど、もうひとつ見たいバンドがあるらしい。ぼくはまたしつこくその名前を聞き出した。くだらない1日という名前のそのバンドのことを、ぼくはそれまで知らなかった。うみと並んでバンドのステージを見た。金髪のきれいな顔をした男の子が、ふてくされたような表情で歌っていた。だれに聴かせるつもりでもないのにお前らが勝手にここへ来た、という風情だった。そんな態度のバンドを、ぼくもいっぺんに好きになってしまった。くだらない1日が終わって「すごいかっこよかったね」と言うと、うみはまたこくりと頷いた。さらに深夜になって、東京初期衝動のライブが始まる。フロアはお客でパンパンだ。そのほとんどは、ぼくとうみの年齢のちょうど真ん中くらいの人たち。もみくちゃになりながら、東京初期衝動のメンバーたちの登場を待った。うみはもちろん、こんなギュウギュウのライブハウスでバンドを見たことはない。最初は後ろで見ると言ったのを、半ば強引にフロアの真ん中くらいまで引っぱってきた。「ライブはぜったい近くで見たほうがかっこいいから」とかなんとか、知ったようなことを言って。メンバーが出てくる。ステージが白く光り、4人の女の子たちのシルエットが逆光になって浮かび上がる。刹那、すべての楽器を一斉に打ち鳴らしたような轟音《ごうおん》が響く。客席からは切り裂くような歓声。リッケンバッカーを下げたボーカリストはおそろしくスタイルがいい。すぐさまカウントが4つ刻まれ、ノイズまみれのロックンロールが始まった。フロアは波打つように前後左右に揺れる。横を見ると、真剣にステージを見つめるうみの姿があった。その頬は、派手にチェイスするステージライトに照らされ、ピンクやブルーに輝いている。ぼくがきっと死ぬまで忘れないだろう、夜の光景のひとつとなった。

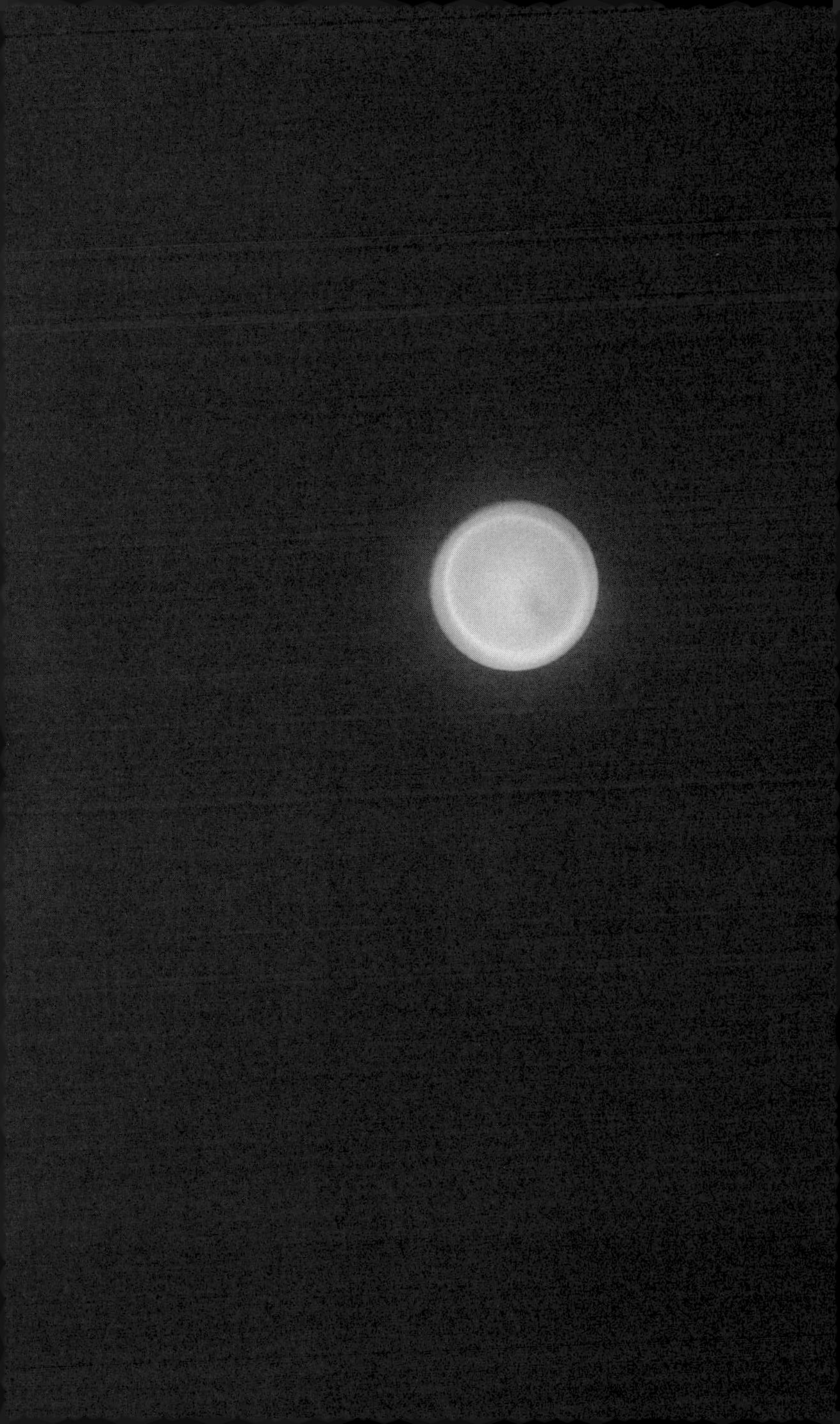

ひとつ目のレシピ

インタビューなどで話が子育てのことにおよび「得意料理はなんですか?」と訊かれるようなことがときどきありますが、はっきりいって、ありません。「ありません」と言ってしまうとなんだか場がしらけそうなので「ガパオライスとか…?」などと適当にごまかしてしまうのですが、ガパオライスは作り方を知っていて、ネットのレシピを見なくても作れるというくらいです。小松菜やトマトやにんじんなどの野菜とひき肉を炒め、最終的にナンプラーで味つけすれば「ガパオライス」といわれて想像する味から、そう大幅には逸脱しないでしょう。そのくらいの作り方なので、得意というには語弊があります。今までぼくにそう言われてきた方、ごめんなさい。カレーライスにしても、玉ねぎを炒めて、野菜も炒めて、お肉を入れてお水を加え、最終的に市販のルーで味をつけるので、これも得意料理といっていいのかどうか。迷います。ただ、ガパオライスにしろカレーライスにしろ、子どもたちは喜んでくれます。ぼくはそれでいいと思っているので、これらの料理にさらに磨きをかけていこうとはあまり思わないのです。家庭料理は、早く安くおいしくできるのがいちばん。ぐずぐずしていると、子どもたちが空腹を我慢できなくなって、険悪で地味な諦念に満ちた空気が生まれます。そうなるよりは、コンビニ弁当のほうがずっとマシです。

妻が家を出てシングルファーザーになった当初は、少し頑張りすぎて疲れてしまうこともありました。見よう見まねで凝った料理を作ってみたり、お弁当をかわいく作ろうとしてみたり。でもすぐに面倒くさくなって、そんな努力はやめてしまいました。料理はパッと作れるものを短めのルーティーンで、お弁当は冷凍食品のオンパレードで。はじめはなんとなく罪悪感がありました。特に幼稚園のお弁当。見比べたことはありませんが、想像するに、それぞれのお母さんが素敵なお弁当を持たせているはずです。対してうちは…。そんな罪悪感です。しかし、幼稚園から帰ってきた長男は毎日のように「お弁当、おいしかった!」と元気に言ってくれるのです。嘘でない証拠にきれいにぺろりと平らげられていて、お弁当箱はからっぽです。長男の元気な声はぼくを励ましてくれ、ぼくを認めてくれました。つまらない比較で自分を卑下していたのは、ぼくの心だったのです。それからは手が込んでいるから良い、という考えが徐々に薄れていきました。これはぼくの音楽に対する気持ちにも影響したかもしれません。どんなに上等に飾りつけた音楽だったとしても、大事なのはそこに込められた作者の心のほうだ、と思うようになってきたのです。同時に、競争をやめることもできるようになってきたようです。昔は自分がいちばんすごい!などと考え、自分の音楽に対しても、売り上げや順位が気になって仕方ない時期がありました。今では大切なことには順位がつけられない、ということもわかってきました。あなたのいちばんがあるように、ぼくのいちばんがあって、それは比較できるものではないからです。子どもたちはそのことを知っているようです。

コンビニでお惣菜やお菓子やジュースを買ってきて、冷凍のピザや唐揚げもチンして並べましょう。そこに笑顔があれば、その食卓は最高です。さあ、パーティーを始めましょう。

仕事も家事も子育ても投げ出して遠くへ行きたいと思う瞬間のこと

担当編集女史から「仕事も家事も子育てもすべて投げ出して、遠くへ行きたいと思う瞬間のこと」というテーマをいただく。いや、それってなかなか書けないですよね、そういう気持ちがあっても…。しかしそのへんを赤裸々に書くというのが、このエッセイの主旨なのだろうか。などと自問しながら。

じつは3年くらい前までは、ああもう全部やめたい！と思うことがたびたびあった。それがここ最近はあまりない。決して仕事量が減ったというわけでもない。仕事量はむしろ増えている。なぜだろうと考えてみる。ひょっとしたらコロナ禍を経たことが影響しているのかも。緊急事態宣言というものが発令されて、ぼくらのメインの仕事であるライブの現場はなくなった。お金の心配もしたし、これからどうなっていくのか、とても不安だった。その頃ぼくが何をしていたかというと、カレー屋でバイトをしていた。バイトといっても賃金はない。仲間と立ち上げたカレー屋は、緊急事態宣言発令の日にめでたく（ぜんぜんめでたくない、笑）開店した。しかし、だれも来ない。というか、下北沢の街にぜんぜん人がいない。それでもカレー屋はオープンしたのだから、カレーを作って通りに立ち、まれに通りかかる人たちに声をかけた。ときどき、買ってくれる人もいた。ありがたかった。そんな日々を経たから、今普通にカレー屋が盛況で、ぼく自身はいろんな町で歌えていることに、それまでより感謝があるのかもしれない。そして、外に逃げたい！と思う気持ちが減ったのは〝外は危ない〟という潜在的な危機感をどこかで持っているからかもしれない。外はこわい。特効薬のないウイルスがはびこっているし、戦争だって起きている。ひょっとしたらミサイルだって飛んでくるかもしれないし、おかしな人がそのへんを歩いているかも…。ぼくらがそんな危機意識を自分でも気づかぬうちに育んでいるとしたら、残念なことではある。しかし、そんな時代なのかもしれない。「自助」という言葉は嫌いだ。「自己責任」という言葉も。結局のところ、品がないと思う。でもそんな、品のない美しくもない言葉が、リアリティを持ってぼくらに覆いかぶさっている。そんな気もする。

ならば、家は良き場所にしたい。自分も子どもたちも逃げ込める場所でありますように。願わくは、そこにいれば安らぎを感じられる場所であることを。それが家で、そこにいるのが家族だとしたら、新しい時代はどうやってその家族の概念を拡大していけるかということが重要になってくるはずだ。DNAを超えて、ぼくは家族というものを拡大していきたい。

仕事も家事も子育ても、すべて投げ出して遠くへ行きたい。少し前まで、世界はそんな想いを受け止めてくれた。〝行きたくなる遠く〟もあったはずだ。ロックが誕生した頃、そんな夢はとても輝いていた。旅への希求。ぼくたちは今、どこまで遠くへ行くことができるだろうか。

数年前、付き合っていた女性とウィーンに行った。急に決めた、数日間の旅だった。ウィーンは遠い街だった。考えうるいちばん遠いところまで来ちゃった、そんな気がした。見知らぬ街は、ちょうど見知らぬ人のようによそよそしく。何もかも捨てて遠くへ行きたい、そう思っていた頃だった。しかし、1日で子どもたちのことが心配になった。今のぼくに、旅は向いていない。

映画館の暗闇へ

最近観た映画で特にお気に入りなのは、ジョーダン・ピール監督の『NOPE／ノープ』。映画館で6回観た。好きな映画は何度でも観たい。しかしこんなに回数を重ねるのは、ポール・トーマス・アンダーソン監督の『マグノリア』以来だ。この映画も5回以上は映画館で観た。お気に入りのレコードを何十回、何百回と繰り返して聴くように、好きになった映画も何度も劇場で観たい。とは思いながらも、たいていは1回で終わってしまうのだが。

『NOPE』は未知との遭遇を描く（監督がいうところの）「スペクタクル」映画だ。このようにいってしまうと至極ありがちなエンタメに聞こえるが「未知」の部分も「遭遇」の部分もかつての映画が描いてきたやり方とぜんぜん違っていて、その違い方は反逆的ともいえる。『ゲット・アウト』と『アス』、以前の2本も反権力的な姿勢を持っている。既存の価値観に揺さぶりをかけるそのやり方はしかし、監督がコメディアン出身ということもあってか、どこかユーモラスだ。血まみれの殺戮《さつりく》シーンも、コミカルに描けてしまう監督である。現代社会のねじれ自体をホラーの構造に取り込んでしまい、そこから観る者にもう一度、社会を恐怖として捉え直させるジョーダン・ピールの手腕と才能は、とんでもない。しかしそのじつ、この人のいちばん好きなところは映像の官能美にある。暗い夜や黒く光る肌のどうしようもない美しさ。それを見ると、意識が本能的な欲求に傾くことから逃れられなくなってしまう。

『ジョーカー』は3回観た。はじめて観たのは深夜の新宿の映画館だった。コロナ禍以前は深夜にふらりと新宿まで車を飛ばし、ひとりで映画を観た。映画が終わっても真夜中の街は静かで、映画の気分のまま家路についた。『ジョーカー』をはじめて観た夜は謎の衝動が抑えられず、帰り道の運転が危なかった。自分の中のよくわからない感情がかき乱された。あれはなんだったのだろう。その感情は自分でも気づいていないものだったと思う。やさしくてむくわれないジョーカーをぼくは愛したし、ジョーカーはぼく自身のようにも感じた。帰り道は雨が降っていた。心の中で叫びながらハンドルを握った。究極の深夜映画体験だったが、コロナの影響で映画館は早く閉まるようになってしまった。おまけに席をあけて座ったり、さまざまな規制も生まれてしまった。その頃から1年以上、映画館で映画を観ることはなかった。

ようやく映画館も通常どおりに戻ってきた。嬉しい。そういえば、コロナ禍真っ最中はポップコーンの販売も停止していたのだった。子どもたちと映画館へ行き、みんなでポップコーンをそっと頬ばりながら映画を観るときほど幸せな時間は、そうそうないだろう。

観終わってすぐ曲が生まれた映画は、ロウ・イエ監督の『スプリング・フィーバー』。恋も別れも春のおだやかな風に包まれていて、歌を呼んだ。渋谷のシネマライズを出てスペイン坂を下り、中華の「兆楽」に駆け込み、餃子とチャーハンを頼んでカウンターで詞をほぼぜんぶ書いてしまった。『スプリング・フィーバー』や『ポンヌフの恋人』『シクロ』を観たシネマライズはなくなってしまった。いつの間にかそこはライブハウスになっていて、ときどきぼくも立たせてもらっている。誤解なきよう言っておきたいが、素敵なヴェニューだ。ただ、スペイン坂を上がったところに映画館はなく、形を残しながらライブハウスになっているという事実が、ぼくのセンチメントを揺さぶる。'90年代のシネマライズは、東京で暮らす自分を意識させてくれる場所のひとつだった。それはとても手の届かない、見上げるような場所であった。

レオス・カラックス監督と話したのも渋谷の映画館。ユーロスペースで本当に久々のカラックスの新作の試写があるというので、朝から緊張感を持って1日を過ごした。カラックス作品は、ぼくにとって啓示そのものであった。その映画『ホーリー・モーターズ』を最前席で観終わり、大満足で余韻にひたっていると「監督の登壇があります」というアナウンス。理解が追いつかず座っていたが、上手のドアが開いて痩身短髪サングラスのカラックス監督が現れた。啓示である。あまりに予想外のことで体がこわばった。通訳の女性と壇上につき、質疑応答が始まった。通常、ぼくは引っ込み思案なほうなので、こんな状況で挙手し質問するタチではない。だけどこのときのぼくは、右手をまっすぐに挙げていた。今を逃したら、カラックスと言葉を交わすことはまずないだろうと確信できた。ふたりぐらいおいて、ぼくが指名された。「そちらの長髪の男性」と。ぼくは監督に訊いてみたいことがあった。観客についてだ。つねに期待を覆すような作風、おまけに10年以上映画を撮らない――ファンをどのように思っているのだろう？　それに今日観た『ホーリー・モーターズ』のオープニングは、満員の観客全員が眠っている映画館の花道を、スクリーンに向かって歩くカラックス自身の幻想的映像だ。「監督にとって、観客とはどういう存在ですか？」。ぼくの質問がフランス語に訳される。ひと呼吸おいて監督は答えた「今も昔も観客とは、自分にとって巨大な謎で、幽霊のような存在だ」と。そして、こう付け加えた「自分は一度たりとも観客のために映画を作ったことはない」。ユーロスペースを出ると、1階にあるカフェでカラックスがタバコを吸っていた。ぼくはすかさず『ホーリー・モーターズ』の資料にサインを求めた。「ミスター・カラックス、オートグラフ・プリーズ」。監督はそそくさとマジックでサインしてくれた。ぼくは「グレート・フィルム、サンキュー」と伝えた。カラックスはにっこり笑って「サンキュー」と英語で返してくれた。それはカラックス監督の次作が英語作品になる、ぼくにとっての伏線となった。

淳のこと

長男の淳はアメコミが好きだ。まだちっちゃい頃から映画館へと一緒に出かけた。淳にはママがいないので、他の男子よりさみしいんじゃないかと思って、たくさん一緒に遊ぼうと思った。そのうちぼくと共通で楽しめるのは映画だとわかって、映画館へと通うようになった。だいたいお姉ちゃんのうみも一緒だった（ハルはもういないのだ）。の好みが確立されてひとり行動が多くなっていたから、こういう場合はいない自分外国のも日本のも、子どもが楽しめそうだと思ったら観にいった。だからある時期ぼくは、ファミリー向けのそういった映画をかなりの本数観ている。しだいに淳はマーベルの映画が好きになって、あっという間にぼくよりも詳しくなっていった。ぼくは彼から、MCU（マーベル・シネマティック・ユニバース、というのがあるんです）の詳細を教えてもらうようになった。海外の映画はずっと吹き替えで観ていたのに、ある時期からは吹き替えはイヤだと言い始めた。アメコミの雑誌（英語のやつ）もたくさん持っていたりする。

幼稚園の頃は園児を集めたサッカークラブに入っていたけど、途中でイヤになってやめた。彼がイヤになったというより「男子はサッカーをやるもんだ」と、親が勝手にクラブに入れたのだった。淳はサッカーをやるために生まれてきたのではなかった。そんなことも考えず、親というのは何ごとも平均値を見ようとするものだ。成績もそう。うちの子は平均より上だから下だから、そんなことで動いてみたりする。小学校低学年の頃、淳は算数が苦手だったので、ぼくは近所の塾に通わせようとした。初日、塾から電話がかかってきて、勉強がイヤだと言って聞かないから教えるのは無理だと言われた。見にいったら、真面目に机に向かう子どもたちのなかでひとり、そっぽを向いた淳がいた。女性の先生が出てきて「大丈夫ですか?」と迷惑そうな顔で言った。ぼくは「…あ、はい…」としか言えず、そのまま手をつないで家まで帰った(淳は小学校中学年くらいまで、ぼくと手をつないで歩いてくれた)。ごめんね、とぼくは言った。彼の気持ちを考えず、算数が苦手だったら塾に行けばいいと短絡的に考えたことを反省した。彼の心は傷ついいたんじゃないかな。

小学校の授業参観のときのこと。ぼくが見にいった授業の時間中ずっと、淳は机に突っ伏していた。ぼくはいたたまれなくなった。教室を出ようにも出られず、突っ伏して動かない息子の背中を時折見ながら、時間が過ぎるのを待った。その頃から、イヤなことを無理してするために淳はこの世にいるのだろうか、と考えるようになった。未来の、いつ訪れるかわからないある日のために、イヤでイヤでたまらない今に耐えて過ごす必要が本当にあるのだろうかと。

「こんなことじゃ、将来が思いやられる」。ぼくもそう言われて育った。「将来のために今、頑張っておきましょう」。そんなふうに。でも、ぼくにとってそんな「将来」はこなかったのだ。ぼくが生きているのは、あのときから地続きの今だ。イヤなことからひとつずつ逃げて過ごしてきたら、今のここだったのだ。言い換えれば、好きなこと、素敵な予感のする方へと歩いてきただけだ。だからぼくのまわりには、好きなものばっかりがある。親になったらなぜか自分が来た道を忘れがちなぼくを、淳の背中が立ち止まらせてくれる。

淳は先日、ひとりで映画館へ行った。スパイダーマンの特別上映が池袋であったのだ。ひとりで、といっても、映画館まではぼくが連れていった。ぜんぜんひとりじゃない、と言われそうだが、ひとりで座って劇場のスクリーンを見つめる。そんな最高なことってない。子どもの頃に覚えたその行為は、今もぼくの活動の原点だ。それを今日体験したんだな、と思うとちょっとゾクゾクした。迎えにいって見た彼の顔は、晴れ晴れとしてとても満足そうだった。

自己肯定的成長論

よく「自分のことを好きになりなさい」とか「自分のことを愛せたら」とか、そういう文句を見かけますが、できる人などいるのでしょうか？　はなはだ疑問であります。自分の嫌いなところはいくつも見つけられるのに、好きなところを数えるのはとても難しい。悪いことをしていないから、正しい生き方をしているから、だから自分を愛することができる。そんなこともないはずです。でも〝自分を愛せる〟というのが大事なことだというのは、なんとなくわかりますよね。どんな自分だったら好きになって愛せるでしょうか？　なりたかった自分。それを想像してみても、なんだか荒唐無稽なヒーロー像のようなものが浮かび上がってきてしまいます。自分は自分以外の何者にもなれない。理想を追いかける。そんな精神状態こそがフラストレーションを生むのだということに、なんとなく気づいてきています。〝今の自分〟とはいったい、何者なのでしょうか。

ダイエットを頑張って、理想の肉体を手に入れた自分。それを愛するのが自分を愛することでしょうか。ならば、老いてしまって、体のゆるんでしまった自分は？　そんなことを考えていると堂々巡りになり、椰子《やし》の木のまわりを回る虎のように溶けてバターになってしまいそうです。

自分はどんな自分になりたかったんだっけ？　そんな像も思い出せないほど歳をとった頃、ちょっとわかったのは〝そのままでいい〟という美しさ。美しさ、といって語弊があるのなら、安らぎ、おだやかさ、といってもいいかもしれない。言葉はなんであれ、その状態なら愛せるかもしれません。のんびりと横たわる。やらなくちゃいけないことは、いくつかある。でも、その心地よさに身をゆだね、うたた寝をする。そんな中にいると、子どもの頃に戻れそうな気がします。理想の自分、なんて大げさなことは考えなかった頃です。おいしいとか、楽しいとか、嬉しい!とかがすべての中心だった。自分を愛そう、なんて考えなくても、自分はあるがままにそこにあった…少し観念的になりすぎたかもしれません。

水木しげるさんは「怠け者になりなさい」と言います。そのことの大事さが、最近ぼくにもわかってきました。とても重要な言葉です。子どもの頃、みんな怠け者だった。そう思いませんか? 好きなことだけをして、イヤなことは後回し。面倒くさいことはやりたくない、自分のペースで遊んでいたいだけ。そんな怠け者たちです。いつからかぼくたちは、理想の自分像を持たされるようになる。〝かっこいい大人〟になれるように。もう一度自分を脱ぎ捨てて、なんにも考えず横たわってみる。あるがままに。そうすれば、少しずつ本当の自分が顔を見せ始めるのでは? その自分にきちんと挨拶できるかどうか。それが冒頭に書いた〝自分を愛す〟という本当のことなのではないでしょうか。自分に「こんにちは」と言えるために、ぼくも今日は怠け者になってみようと思います。

好きな本のこと

北山耕平さんの『自然のレッスン』という本があって、とても大きな影響を受けた。ぼくはすでにいろんなところで喋っているから、知っている人もいるかもしれない。「街で自然に生きるには」というような副題が付いていて、山奥で暮らさなくても自然な生き方はできるんじゃないか、と提案してくれる。この本に出会わなかったら、今の自分の考え方や生き方はまるで違っていたかもしれない。そのくらい、自分にとって大事な本だ。哲学書とか指南書ではない（いや、ひいては哲学書であり指南書でもあるのだが）。暮らしや思考、体そのものを良くするための、ちょっとしたアイディアが並べられている。食べ物の選び方や食べ方、体や感情の使い方、そんなことにまつわるヒントだ。

この本に出会うまで、自分の心と体は別のものだと思っていた。あくまで心が自分で、体は容《い》れ物のような。ちょっと極端だが、そういう感覚。でも『自然のレッスン』を読んでからは、心も体の一部だということを認識するようになった。今でもそのふたつがちぐはぐに感じることはあるけど、結局は分かちがたいひとつのものだとわかってきた。健康な魂が健康な体に宿る、というのと同じように、良い歌も良い歌い手にしか宿らない。「健康」とか「良い」という言葉を、額面のまま受け取らないでほしい。健康な人にも「不健康」な人はいるし、体が不自由でも「健康」な人はいる。良い人で「悪い」人もいるので、注意してほしい。だから自分が自分として、同時に自然という大きな全体の一部として「良く」あれるように、この本はぼくを導いてくれたと思う。でも、自分が良い人間になった!とはぜんぜん思っていないので、ご心配なく。ずっとあがいています。

北山耕平さんはユース・カルチャー雑誌『宝島』『ポパイ』の黎明《れいめい》期の名編集者であり、今も続く〝シティ・ボーイ〟という概念の礎を作った人だと思う（植草甚一先輩らの鞭撻《べんたつ》はもちろんありながら）。シティ・ボーイとは何か。街でおしゃれに暮らすとはどういうことか。そんな問いに対する北山さんなりの回答が、ここにあると思っている。いろんな旅のなかから集めた知識の集積であり、その多くは、今も自然と共存して生きるネイティブ・アメリカンとのふれあいのなかから得た知識によっているそうだ。はじめて刊行されたのは1985年だから、物質文明一直線のプラスティックなあの'80年代にこれを出すことは、かなり攻めたことだったろう。ぼくが手にしたのは2000年頃に出た新装版だった。ちょうど結婚し、音楽活動も半ばお休みし、奥さんと生まれたばかりの娘との3人の生活が始まったばかり。身近に親や友だちもおらず、手を引いてくれるような、ともに歩いてくれるような何かを欲している頃に、下北沢のヴィレッジヴァンガードで偶然出会った。必然も偶然も同じこと。心も体も自分も他者も、大きな自然の流れの中に存在している。Let It Be、流れのままに——というのがぼくの基本的な思想である。そんな思想にも、この本は影響を与えていると思う。

思想、というとちょっと語弊がある。Let It Beとはつまり、思想など持たなくていい、ということだともいえる。あるがままに。しかし、ありようは美しく。

お金について

昔、尊敬するある方と対談をしているとき、その方がごく自然に「ぼくはお金が大好きだから」と言ったのがとても印象的で、忘れられない。あとにも先にも、ぼくの前でそんなふうにはっきりと口に出して言ったのはその人だけだ。ほんのり偽悪的に、冗談めかしてだれかがそのように言うことは、よくある。自分も言うかもしれない。ただその人は、どこそこの居酒屋の厚焼き玉子が好きなんだよねえ、というような感じで言ったものだから、ぼくは少し面食らいながらも、ああ本当にこの人はそうなんだなあ、と思った。思ったあと、自分はどうだろうと考えた。

Q　お金は好きか？

A　ないと困る。別に「好き」じゃない。

Q　じゃあ、嫌いか？

A　「嫌い」ってわけじゃあない。あったらいいと思う。

Q　じゃあ、好きってことだな？

A　……う〜ん、そうなの？

プロのミュージシャンとして生きている。ギャラが高いと、嬉しい。でも、安いからさみしくなることはぜんぜんない。いや、ちょっとはなるか…。でも、小さな規模の仕事なのに多すぎるギャラを出そうとしていると思ったら、そんなにもらわなくてけっこうです、と言うこともある。ノー・ギャラの仕事を受けることもある。プロというのは、お金をもらえることと同義語だとは思っていない。普通の人ではできないことを頼まれて、そこに特殊な技術で返すのがプロ、ということだと思っている。自分が返せるというのは、とても嬉しいことだ。喜んでもらえる。ありがとう、と言われる。こちらには心の充足がある。こちらこそありがとう、と思う。本当はそこでプロの仕事は終わっている。これはあくまでぼく個人の考え方だが。だからギャラが安かろうが高かろうが、本当のところはまったく関係ない。やることが変わるわけがないのだ。以前、こんな話を聞いた。友人のミュージシャンが先輩のＤＪに自分の曲のリミックスを依頼した。すると先輩ＤＪは「３万円のリミックスと30万円のリミックスがあるけど、どっちがいい？」と答えたそうだ。笑い話ではある。大人の笑い話なのだろう。でもぼくは、とてもイヤな気分になった。今その話を書いていてもムカムカしてくる。だが、ずっと忘れられない話でもあるのだ。少しでもギャラをもらえないと仕事は受けない、なぜなら自分はプロだから、という人もときどきいるが、ぼくはそんなのがプロの証しだと思えないし、だったらぼくはプロじゃなくていいですと、さっさと看板を下ろしてしまいたい。

母親が医者だったから（今も現役ですが…）、患者さんみんなに感謝されていた。町を歩いていても「先生！」と呼び止められ、楽しそうに話していた。その様子に患者と医者という関係性は見えず、笑いながらお喋りするふたりの大人、という以外に何もなかった。医者になろうと思ったことは一度もないが、大人になって自分もこういうふうになるんだ、とぼんやり思った。母の姿が働く大人の原型になったかもしれない。這いつくばって働く父の姿というものを、ぼくは見ることがなかったから。

仲間とカフェ「CITY COUNTRY CITY」を作って、もう15年くらいになるだろうか。オーナーという肩書きにはなっているが、お金はぼくに1円も入ってこない。飲み食いしてもちゃんとお勘定を払う（社割ですが…）。お店がいいお店になっていって、お客さんが喜んでくれて、スタッフであるみんなが充実していたら、そんなのを見ていて自分も楽しくなる。同じ気持ちで2020年に「カレーの店・八月」を仲間と立ち上げた。おいしいカレーでだれかが喜んでくれたら、それでいい。ぼくはそれでいいが、スタッフにちゃんとした報酬が支払われないとぜんぜん困る。だからみんなで、ちゃんとした報酬を得るための仕組み作りを考える。これは必死で考える。でもそこはお客さんに見せる部分ではない。エンターテインメントというのは、だれかがおいしいカレーを喜んでくれた時点で終わっているのだから。そういったら、このエッセイだってそういうものなのだけど…。

中学生を過ぎたいつの頃からか、ミュージシャンになりたいと思っていた。音楽的素養はなんにもなかったが、だれかを喜ばせたいという願望はあったのかもしれない。今は日本各地から、歌いにきてくれと声をかけてもらえるようになった。ただただ、ありがたいことだ。ひとつも漏らさぬように行きたいが、時間には限りがあるので、すべてに応えることができない。

冒頭の対談から20年以上が過ぎたが、お金のQ＆Aに対するぼくの態度はどのように決着したのだろうか。ひょっとしたら、まだ曖昧なままかもしれない。だったらそれでいいのかもしれない。ただ、この世でいちばんかっこいいギャラの受け取り方をするのはブラック・ジャック、それだけは決まっている。

全力。

2日前にサニーデイ・サービスのニューアルバム『DOKI DOKI』をリリースした。ダイクくん（大工原幹雄）がメンバーになって2枚目のアルバムだ。

バンドのオリジナルメンバーだった丸山晴茂くんが亡くなって、ぼくと田中（貴）はしばらくふたりで活動した。ふたりになったのだからと、ふたりだけのアーティスト写真を撮った。それを見たら、ふたりだけのサニーデイ・サービスはなんだかさみしそうだった。写真の中のぼくは笑ってはいるのだけど。もうひとりだれかいたらな。

そんなふうに思っていたら、ひょんなことからダイクくんと再会した。彼がいたバンドとずっと前に対バンしたとき「この人すごいな」と感じたのを思い出していた。ぼくは「自分のバンドに入って」と声をかけた。すごく緊張した。女の子に「付き合ってください」と言うのと同じくらいには緊張したが、それでもことはうまく運び、サニーデイ・サービスはまた3人になることができた。

前作『いいね!』('20年)はダイクくんがメンバーになる前からレコーディングを始めていたから、彼がドラムを叩いたのは全9曲のうち7曲。今回のアルバムは全曲、彼がドラムを叩いている。

1週間前には恵比寿のリキッドルームでワンマンライブをした。全31曲。選曲のなかには当然、ダイクくんが入る前のサニーデイの曲も多く含まれる。昔はオリジナルメンバーに加え、2人以上のサポートメンバーも迎えてライブをしていた。それでも充分に思えず、時折立ち止まったりした。そんな昔の曲たちを今、3人だけで頑張っ

てやっている。いつか、昔の自分を超えられるだろうか。その日までは全力でやるしかない。いろんな町に歌いにいく。そこで思いきり、音楽をやる。

一生懸命やっていると表情がとても豊かになるもので、ライブの最中にドラムの方を振り向くと、顔をゆがめてドラムを叩くダイクくんが見える。ぼくに気づくと笑いかけてくれる。その瞬間、バンドが生命体として鳥のように羽ばたこうとしているのを感じる。ぼくの顔もとんでもない表情だろう。でも、全力でやるってことは、そういうことだ。それが尊いとか、美しいとか、偉いなんてことを言うつもりはない。そんなことは見た人が決めればいい。見る人の中に感情があるから感動が生まれる。感動を与えるのはぼくではない。ぼくはただ、全力でやっていたいのだ。昔、ライブ中のジミ・ヘンドリックスの顔を見て、こんな表情になるのか！と衝撃を受けた。人に見られているとか、そういうことがもう吹き飛んでしまっている表情だ。全力でやっていると、人はそうなる。ぼくはそんな人を見るのが好きだ。

新しいアルバムもそうやって作り上げた。いつもそうだ。それしかできない。だから途中で少なくとも1回は、くじけそうになる。もう無理だ、と足を止める。そんな夜が必ずある。スタッフに愚痴を言ったりする。スタッフは「そうですか…」と応えるくらい。だれも助けてはくれない。ああ終わったな、とか、振り出しに戻ったな、なんてつぶやく。でも、ひょんなことで光が見える瞬間がくる。必ずくる。それはもう諦めきった、そんなときに訪れる。曇り空が急に晴れるように。だからその瞬間まではやっぱり、全力でやってみるしかない。いつかはゴールがくる。米粒みたいに小さく遠い目標物に一歩一歩近づくのではなく、ゴールはふと目の前に現れる。ずっと目の前にあったんじゃないか、と錯覚するような風情で現れる。そうやってできたアルバムに、みんなが感想をくれたりする。自分の作ったものに、だれかが感動してくれていたりする。何度も言うが、ぼくには感動させる力はない。その人の中に感動する力があったのだ。その人の中に届くよう、ぼくは全力でやるしかないのだ。

『DOKI DOKI』が出て、バンドのディレクターとしみじみ話した。「ずっとなりたかったようなバンドになったのかもね」「ダイクくんがオレたちをまたバンドにしてくれたね」と。目標が定まらない。才能がない。努力家でも策士でもない。だけど、今を全力で生きる。そんなバンドになりたかったのかもしれない。今を全力で生きる。それだけでぼくたちは輝ける――のかもしれない。

父のこと

父が死んではじめて、ああ自分も死ぬんだなあと実感した。それまで言ってきた「人間だれしも死ぬのだから」は嘘だったと思う。だって、自分の死を実感していなかったのだから。子どもに対する親のいちばんの仕事は、死を見せることなんじゃないか、とぼくは思った。ひいては、死に至るあれやこれやを見せることだとも。父はしっかりした堅実な人間だった。ぼくみたいにずぼらで適当なところはぜんぜんなかった。ぼくはだれに似たのだろう？と考え、父はひょっとしたら自らの適当さを律してそのように生きたのではないか、と思うに至る。だれに対してもやさしく、ぼくは怒られたこともほとんどなかった。律儀で、年賀状なんかも何十枚と書いていた。同年代の友だちは「昨日、父ちゃんに殴られて」なんてよく言っていたけど、ぼくは父に殴られたことは一度もなかった。「父ちゃんに殴られて」にちょっとした憧れもあって、あるとき父に尋ねてみた。なんでお父さんは叩いたりしないの?と。暴力で変えられるものは何もない。そのとき父は言った。ぼくが小学生の頃だった。

父は50代で目の病気になり、最後は全盲に近かった。長年勤めた会社も定年まで迎えることができなかった。とにかく真面目に働いたから、本人は悔しかっただろう。しかしそうなっても、父の凛とした姿は何も変わらなかった。日々のことをちゃんとこなし、明るく過ごした。ぼくは物心ついてから、父が弱音を吐くのを聞いたことがない。それは目が見えなくなっても同じだった。日頃から「もう死んでやる」などと口走るぼくとは大違いだ。いや、でも、もしかしたら、父は弱音を吐くことをぐっと我慢していたのかもしれない。我慢して、頑張って、父親としての姿をぼくや弟たちに見せたのかも。父が死んだあと、そんなふうに想像するようになった。白い杖《つえ》を持つことは最後まで拒んで、だから父の行動範囲は年々せまくなっていった。そうなっても結局、文句ひとつも恨みがましいことも言わなかった。

危篤になり、ときが迫るなかで、父の意識はぼくら家族から離れていった。手を握り「お父さん！」と呼びかけても、それに見合う返答はなかった。愛した孫たちも「じいじ！」と呼んだが、父はただ苦しそうに体をよじり、なんとかこの忌々《いまいま》しいベッドから這い出ようともがくばかりだった。もう残された力はほとんどなかったと思う。父はモルヒネを打たれた。静寂が続く。それでも時折、なんとか最悪の苦境を逃れようと力を振り絞る父が現れる。本当は「助けて！」と叫びたかったんじゃないかな。泣いて喚いて暴れたかったんじゃないかな。人生とこの世のすべてに毒づきたかったんじゃないかな。父が死んだあと、ぼくはそんなふうに思う。父の本当の姿を、ぼくは知っていたのだろうか。でも、最後にもがく父の姿は忘れられない。父の本物の生へのエネルギーがあった。

父が死んで、子どもに対する親のいちばんの仕事は、死を見せることなんじゃないか、と思うようになった。そしてもちろん、ぼくもいずれ死ぬのだ。そのときまで全力で生きるとして。ぼくは子どもたちにどんな姿を見せ、何を教えることができるのだろう。

夢はズボンのポケットの中に

「将来の夢は？」と真剣に問われたことがない。小学4年生のとき、将来の夢について作文を書きなさいと言われ「ファーブルのような昆虫博士になりたいです」と書いたことはある。「将来どうするんだ？」と詰め寄られたことは、何度かある。みなさんもあるでしょう、たぶん。

将来の夢は幸せになることだ。ずっとそうだ。変わらない。幸せでいるイメージがある。そこに一歩ずつ進んでいく。いや、一歩ずつというのは違うのかもしれない。

もう幸せの上にいるのだ、すでに。たぶん。ぜったい。

ミュージシャンになりたいと思ったのは中学生のとき。ローリング・ストーンズやビートルズの写真を見たら、みんな元気そうで自由そうで、楽しそうに映って、あ！これになろう、と思った。その、そう思った日から今日に至るまで、気持ちはまったく変わっていない。親にも、自分はミュージシャンになる、と言った。「でも恵一、楽器できへんやろう?」と言われた。「それはな、趣味でなんぼでもやったらええんや。仕事はちゃんとせな、いかんよ」と父はぼくを諭した。ぼくは、ロックを生業《なりわい》としている人たちもちゃんといる、と反論したが無理だった。上の世代を納得させるのは、難しいですね…。

母は「自分の生き方をすればいい」と言ってくれた。神さまに背かぬよう。母は敬《けい》虔《けん》なカトリック信者だった。生活や学校のことに関しては、あれやこれやとうるさかった。ぼくは自分の生き方をしようとしているだけなのに。

そんななかでもずっと、幸せのイメージはあった。それは、ぼくが自分の毎日に感じたことや、見たことの断片をつなぎ合わせたものだった。ぼくはずっと幸せのイメージを形作っている。そこには父や母がくれたものも含まれている。それは大きくなったり小さくなったり、ときには透明になって見えなくなったりもする。

子どもたちにぜったい伝えたいことは、思ったものになれる、ということ。むしろ、それ以外になるのは難しい。想像して、強く思うこと。そうすれば、きみは何にだってなれる。そんなことありえない、と言う人がたくさんいる。本当にそうだったら町はサッカー選手であふれて大変だと。でも、ぼくだけはこう言おう。強く思えば、きみは何にだってなれる。

今僕は倖せです。沢田研二さんの、そういうタイトルのレコードがある。いい言葉だなと思う。幸せから逃げないように。幸せをこわがらないように。「ぼくも今、幸せです」。ジュリーに倣って、そう言ってみる。なぜなら幸せのイメージがずっと、ぼくの右ポケットの中に入っているから。

コハルのこと

「あとはコハルちゃんのことを書いていただけたら、原稿は大丈夫です！」。そう言われたので少し肩の荷が下りて、どんなふうに書こうかと思案しながら眠りについた夜、コハルが死ぬ夢を見た。夢の中でコハルは謎の奇病にかかっていた。どう見ても生きられる時間はほんの少ししかない状態にもかかわらず、コハルはいつもと同じように振る舞った。気丈に見せていたのか、それとも本当に自分の死期に気づかないのか。それでも最後の瞬間は、とても苦しそうにした。ぼくら家族はみんな泣いた。そんなところで目が覚めた。目が覚めて、ああ夢だったと心底ほっとした。大人になると、今いた場所が夢であったことに一喜一憂する回数は減ってしまう。この夜は久しぶりにそんな気分を味わった。時計を見るとまだ真夜中。ぼくはサイドテーブルに置いてあったペットボトルを取って、水を飲んだ。

コハルは最後にやってきた家族だ。あるとき吉祥寺でライブがあって、子どもたちも珍しく全員同伴していた。ぼくがリハーサルを終えたところへ、顔を上気させた3人が戻ってきた。リハーサルの間、ライブハウスから歩いてすぐの場所にあるペットショップへ行ってきたそうだ。そして「めっちゃくちゃかわいい」柴犬に会ったという。どれどれ、と一緒に見にいく。そこにコハルはいた。さみしそうな目で、静かにこちらを見ていた。確かにかわいかった。値札には〈柴犬メス1歳・値下げしました!〉と書かれていた。たいていのことを忘れてしまうぼくだが、あのときのコハルの表情は今でもありありと思い出せる。ガラス越しにぼくらを見ていたあの目。うちに来てもう8年くらい経つが、それでもときどきコハルの目が、出会った日のことをぼくに思い出させる。

翌日、もう一度そのペットショップに行った。帰り道はコハルも一緒だった。ハルの誕生日だった。ハルコの誕生日にウチに来たから「コハル」ね。だれかがそう言った。元妻が家を出て、ぼくはさみしかった。恋愛感情についての整理はできたが、欠けたものが大きかった。写真や服や思い出の品や、そう、もちろん思い出それ自体も捨ててしまった。でもそのあとに、大きな空白のスペースができてしまった。1年が過ぎると、1年分の光と影がその空間を通り過ぎる。何も残さないそのやり方が、ぼくをいっそう苦しめた。子どもたちも言葉にはしないし、なりもしないが、近しい感情を抱えているのではないかと、ぼくはずっと思っていた。そんな雲ひとつない青空のような喪失感を、このかわいい柴犬が埋めてくれるかもしれない。その予想がどれだけ当たったかはわからないが、コハルはぼくと子どもたちの新しい友だちになった。新しい家族になってくれた。家は明るくなったように感じる。それぞれがそれぞれの部屋にこもる時間は長くなったが、コハルのことを話題にしない日はない。散歩行った？とか、ご飯あげた？などと声をかけ合う。家族LINEには毎日だれかから、コハルのおもしろ写真が送られてくる。そしてコハルはそれぞれの部屋を気ままに回って、今一緒にいたい人と時間を過ごす。ぼくらの家にできた空白のスペースがなくなったわけではない。が、なくしたものでつながっていたぼくらは、今はコハルという存在でつながれるようになった。これも家族の再生の物語のひとつだろうか。

言葉を喋らないコハルは、テレパシーを使ってぼくらとコミュニケーションをとる。コハルの気持ちは空気を伝ってぼくらに届く。コハルがどうしたいのか、みんなわかる。嬉しいのか、悲しいのか、眠たいのか。そんなこともたいてい。だって、家族だからね。パートナーがうちに来るときはだいたい、コハルにお肉を持ってきてくれる。わかりやすい性格で、パートナーが来るのを玄関で気をつけをして待ち構えるようになった。そして、お肉をもらうときの幸せそうなオーラといったら。コハルは今日も楽しく生きている。耳をすまし、人間の数万倍ともいわれる嗅覚を最大限に拡張して、どこからかおいしそうな匂いがしてこないかと…。

TUMP!

HND

インタビュー……

流れに乗って、
　漂うようにやってきた

……曽我部さんはカレーの店とカフェ、レコードショップの経営者でもありますよね。

「僕自身は〝経営してる〟っていう感覚がないんですよ……。今は3店舗の〝オーナー〟って肩書きになっちゃってますけど。自分ではそんなつもり、さらさらなくて。店で食事したら代金も払うし、まあ、社割はききますけど（笑）、別に店の売り上げから給料やプロデュース料をもらったりもしてないので。でも、肩書きはオーナーなんで、新しいレンタル什器なんかの契約とか、僕が連帯保証人ってことで電話がかかってきたりはしますね」

……そもそも、どうして店を始めたんですか？

「親友としゃべってるときに、最初はそいつが『下北でレコード屋さんをやりたい』って言ったんですよ。そのときは別のレコード屋さんに勤めてて、独立したい、って感じで話してて。で、僕はなんとなしに『下北は家賃が高いから、昼間はレコード屋で、夜はバーにして回したらどう？』って提案したんです。やるんだったらオレにバーをまかせてよ、みたいな感じで。ホントに軽い感じで、思いつきで。

そのころはまだ僕もお酒を飲んでたし、飲みながらの軽い、まあ冗談とまではいわないけど、そういう会話だったんです。で、じゃあね、って別れて。そしたら1週間後くらいに彼がまたやってきて『仕事辞めてきた』『物件探しにいこう』って。さすがに、え!?って思ったけど、あとに引けない雰囲気もあったから、お、おう……って感じで物件を探し始めたんです。レコード屋とバーができそうな店舗物件を」

……それが最初に作った「CITY COUNTRY CITY」。

「はい、お金もぜんぜんないから、全部手作りで。フローリング材もホームセンターで買ってきて、1枚

1枚張ったりして。本当はダメなんだけど、配線とかコンセントの設置も自分たちでやって、感電したりしながら（笑）。でも、楽しかったですよ。

そうやってお店を始めたから〝経営〟っていう感覚がぜんぜんない。〝損益分岐点〟って意識もまったくない。『今月、家賃どうやって払うの⁉』とか、そんなことを言いながら、ちょっとずつやり方をつかんでいった感じですね」

……店のメニュー作りにもかかわったんですか？

「おもしろいことに、ピンチになるとそれを救う誰かがやってくるんですよ。アベンジャーズみたいに。たとえば、昼間はレコード屋をやりながらコーヒーを出してたんですけど、そのくらいじゃぜんぜん売り上げが立たない。で、どうしようってなってるときに、当時の僕のバンドのメンバーが、ちょうどレストランのバイトを辞めることになって。バンド活動が忙しくなって、うまくシフトに入れないから辞めざるをえない、って状況だったみたいで。それならってことで、うちで働いてもらうことになったんです。

彼はギターも上手だったけど料理も天才的だったから、おいしいパスタのメニューを考案してくれて。僕らが食べても、本当においしかった。かつ、作るのは比較的簡単っていう。そのメニューが今もお店の看板メニューになっていて、あそこのカフェのパスタおいしいよね、ってお客さんが絶えない」

……パスタができて、救われた。

「でも、それって狙ってやったことじゃなくって、たまたまピンチを逃れる手段だったというか。言い換えたら、正しいときに正しい人がそこにいた、ともいえるんですけど。事務所の経営がヤバいってときも、僕のマネージャーは天才的な経理でもあるので、彼女が救ってくれたんです。彼女がお金の面を見てくれなければ、すっからかんになって、とっくに倒産してるんじゃないかな。

そんな感じで一事が万事、流れに乗ってフラフラと漂うようにやってきただけ、僕自身は。そのうち助け舟がやってくるだろう、って。楽観的なんです」

就職しないで生きる、という発想

「経営者としての話に戻ると、自分はここでお金を稼がなきゃ、っていうのはないんだけど、お店のスタッフたちには見合うお金をもらってほしいと思っていて。みんなすごく一生懸命、お客さんに喜んでもらおうと頑張ってるんで、ちゃんとそれに対する見返りがあるようにはしたいんですよね。時給を渡しとけばいいだろう、ってことではなくて。ここで働くことが楽しい、この店のために何かしたい、って思ってくれることが大事なので。みんなで工夫して、1日の売り上げがこれくらいになったらバイト代を増やそう、なんてことも話すんだけど、働きがいを持ってもらえて、それで生活もできる、ってなったらいいなと。難しいことだけど、それが理想ですね。

みんなたぶん、どこかで〝我慢して働く〟ってことを多かれ少なかれ経験してきてると思うんですよ。片や〝本当は学生のころの延長でいたい〟って感じてる人たちもいると思う。フリーターで働いて、あとは好きなことをしていたいって。でも、だったら実際やってみるといいんです。やってみたら、自分に合った仕事の仕方が見つかると思う。それはどんな仕事でも」

……ミュージシャンでも。

「ミュージシャンだからこういう仕事の仕方、って決まりはぜんぜんないですよ。僕が独立して下北沢に事務所を持とうとしたとき、業界の人からは『普通は青山か六本木だよ、音楽事務所は』って言われたんですけど。そう言われて、そんなこと誰が決めたの?って思った。僕は僕が暮らす街で仕事を始めたかったたから、じゃあ僕のやり方でやってやろう、って決めたんです。で、今もずっと続けてますけど、ぜんぜん困ったことはない。だから、やってみればいいんです。やってみれば、そこにその人のやり方ができるというか。〝物事はこうじゃなきゃいけない〟っていう多数派に流されることなくね。それもあまり派手なことじゃなくて、地に足のついたやり方でできればいいなって、こっそり思ってるんです」

……それって、カウンター的な生き方ですよね。

「『就職しないで生きるには』（レイモンド・マンゴー著・晶文社刊）って本があってね。あと、早川義夫さんが書いた『僕は本屋のおやじさん』（晶文社）って本があって。どちらも〝自分に合った仕事を選択してみる〟ってテーマで、ひと昔前のバイブルみたいな本なんですけど。そういう発想って、今もすごく大事だと思っていて。ここからの時代、髪を切って、就職活動して、月給がいいところに就職して、お金を稼ぐためだけに生きるのって、どんどん苦しくなっていくと思うから。でも、この本たちは〝そうじゃない生き方〟を提示してくれるんです。

僕自身はそうじゃないほうの生き方をしてきて、ここまでずっと続いているから、それでハッピーなら、まあ成功なんじゃないかと。常識からは外れた生き方かもしれないですけど」

……そういう生き方をしたいと思ったのは、いつごろからですか？

「中学のころに、なんとなく。ミュージシャンになりたいな、楽しそうだな、かっこいいな、と思って。遊んで暮らしてるみたいなイメージがあったし、そもそも音楽が大好きだったから。でも、親に言ったら『そんなのは仕事じゃない』、それは趣味だと。まあ、四国の田舎で、中学生の息子がそんなことを言い出したら、そう返すのは当たり前なんですけど（笑）。あのとき、親に説得されて『確かに』と思ってたら、まっとうな道筋を作ったかもしれないですけどね。学校を出て、就職して……って。

どっかでゆるいんですよ、僕。先のことをちゃんと考えられないっていうか。ボケッとしてたので、物事をあまり真に受けなかった、というのはあるかも。先生に『将来どうするんだ』って訊かれても、考えられなくて。職員室を出て歩き始めたら、もう空想の世界に入っていたから。現実を見られない人間ですね。そういう意味では、バカでよかった」

……だけどそれが、今の成功につながったわけですもんね。

「僕の場合、今の生き方は努力して獲得したとはいえないかもしれない。自分のやりたいことだけやって今になった、という感じだから、努力してる人に対しては何も言えないです。フラフラフラフラしてたら、ここにたどり着いていて、それはそんなに悪い場所じゃないっていう。お店も、音楽も。ただ〝おもしろいことがどっちにありそうか〟ってことには、つねに敏感だったとは思いますね。

だからまあ、あとはどれだけ怠けて、好きなことだけやって、イヤなことから逃げて（笑）、それをどこまで続けられるか」

……ここまではやってこられたわけですしね。

「もうちょいで逃げきれるかな（笑）。この先、あとどれだけ生きるかはわからないけど……あともうちょい。長生きはしたいですけどね」

性分に合った生き方を
みんながすればいい

……曽我部さんがひとつの証しですよね、こんなふうに生きられる人もいる、という。

「僕を見習え、とはもちろん思わないですよ。でも、僕自身は自分の人生にあまり後悔がないですね。みなさんそれぞれの生き方があるわけだから、自分が正しいということではなくて。自分はこういう性分だからこうなった、というだけ。その人の性分に合った生き方を、みんながすればいいいんじゃないかな」

……いろんな性分の人がいるのに、実際の生き方は限られている。

「サッカー選手だって、ミュージシャンだって、ちゃんとした仕事ですよね。学校を卒業して会社に就職するのと同じ。賃金が高い安いに関係なく、すべてちゃんとした仕事。でも、みんなどっかで、待遇のいい安定した勤め先を〝ちゃんとした仕事〟って思い込んじゃってるのかもしれない。本当は、それぞれがそれぞれの満足感を持ってるはずでしょ？　幸せの基準は人それぞれで。

この間、あるラジオ番組に出たとき『あなたの宝物は？』ってトークテーマだったんです。で、僕も訊かれたんだけど、難しいなあと思って。最初はギターかなって思ったけど、よく考えたら、なくても生きていける。次に、子供たちって思ったけど、彼らは僕の所有物じゃない。で、僕が出した答えは結局〝思い出〟だったんです。ちょっときれいすぎるかもしれないけど……(笑)。思い出がないと生きていけないな、って。あのときの素敵な思い出があるから、子供たちが憎たらしいことばっかり言っても愛せるのかも、って思ったんですよね。

結局〝お金が宝物〟って人は、そんなに多くないいんじゃないかな。それぞれの価値観があるわけだから、それぞれの満足感や幸せがあって、それぞれの生き方、働き方があっていいと思うんですよ」

……性分を全うした先に、お金になればいいってことですね。

「こういう仕事がえらいとか、こういう仕事はえらくないとかって考え方は、もうおしまいにしたい。でも、そろそろなくなっていくのかなって思うし、人それぞれの存在や仕事を、互いに認め合える社会になっていけばいいと思いますね」

自分のことを
素直に歌えたら

……「書くこと」についての最初の記憶はいつごろですか?

「小学校のころの読書感想文とか、そのくらいかな。特別、好きではなかったですね。本を読んだりはしてましたけど、自分で積極的に書くことはなかった」

……当時、どういう本を読んでいたんですか?

「そのころは、江戸川乱歩とか、星新一とか、赤川次郎とか。江戸川乱歩の『少年探偵団』シリーズは好きだったなあ、絵も含めて。星新一の新潮文庫も、絵が真鍋博で大好きだった。あとは漫画。藤子不二雄Ⓐの『魔太郎がくる!!』とか。まあ、普通だと思いますけどね、別に読書家ってわけでもなく」

……国語の成績はどうでしたか?

「よくはなかったですね。算数とか理科とか、理系はすべて悪くて、国語は普通か普通よりちょっと下だったかな。今でも漢字があまり書けないし。本は読んでたけど、別に成績には結びついてないですね……なんで国語の成績について訊かれてんの、僕(笑)」

……(笑)。「書くこと」を自発的にするようになったのは、いつごろですか?

「歌詞を書き始めたのが最初ですかね、20歳を過ぎて。音楽をやるんだったら、メロディと歌詞が必要だよな、と思って。ぜんぜんわからないまま、こんな感じかな?って、数年は見よう見まねで。いわば習作期なんですけど、そんな感じのままデビューしちゃったから、当時の曲を今聴くと、できてなさすぎて、自分としてはけっこうはずかしい。いつか、好きになれる日がくるんですかね?(笑)」

……（笑）。そこから、書くことへの手応えを感じるようになったのは？

「レコード会社からシングルを何枚か出したあと、これじゃヤバいと思って、いったん立ち止まったんです。このままだと誰にも聴かれずに終わっていく、誰かの心に届く曲を作らないと、って初めてちゃんと思って。それで、冷静になって自分自身を見つめてみた。そこからかな『よし、歌詞を書くぞ』ってなったのは」

……ファーストアルバムの『若者たち』（'95年）のころでしょうか？

「『若者たち』を作る前に、これで認められなかったらミュージシャンとしてやっていくのはもう無理かも、って思ったんです。ちゃんとした作品を作らないとって、本当に強くね。それまでは、外国の文化をなぞったような音楽を志向していたところがあって。洗練されたおしゃれな感じというか。でも、自分自身を見つめてみたときに、別に洗練されたおしゃれな人間じゃなかったわけですよ。

同じころ、いわゆる1970年代の日本のフォークをたくさん聴き始めて。そしたら、それまで聴いてた洋楽より、もっと身にしみる何かがあった。みんな悶々としていて、何者にもなれない自分にいらだって、自分を模索していて。遠藤賢司、吉田拓郎、はっぴいえんど、高田渡……時代は20年離れているけど、めちゃくちゃ近くに感じた。で、自分もこんなふうに自分のことを素直に歌えたらいいな、って思ったんですよね。詞というフォーマットの中で」

透明な妄想、

個人的な誰かの気持ち

「そんなとき、四国の実家に帰省することになって。僕、梶井基次郎の『檸檬』という小説が好きで、鞄に入れて帰ったんですよ。実家には、昔使ってたアコースティックギターがあって、その畳の部屋に『檸檬』の文庫本もあって。そしたら〝街の角　雲間から目映い光が　照らしてるきみの微笑みよ〟って歌詞（『いつもだれかに』'95年）が、すっと出てきた。手応えを感じたのはそのときですね。自分の型が見えた。誰かの真似じゃない何かができた。少なくとも、そのときの自分のありようは出せたのかな」

……『檸檬』はどういうところが好きだったんですか？

「心でしょう、あの小説って。誰かの心が描かれていて、すごく美しい。透明な妄想というか、個人的な誰かの気持ちというか。景色や風景も、心との共存物として描かれている。サラッとして、メロンソーダのような美しさ。人間の心の怖さや不条理さや、そこにある不安も含めて、すべてを清涼感で包んでいるような。

文章でいうと、車谷長吉もそうですね。川上弘美、それに永井荷風も。彼らの小説には、歌詞を作るうえで影響を受けてると思います。

海外だと、リチャード・ブローティガン、レイモンド・カーヴァー。瑣末なことを描写する短い文に、宇宙がある。それを全体的に拡大したのが、ヘミングウェイの『老人と海』。とんでもない作品ですよ、かっこいい。ロックだし、アンビエントだし、音楽が聴こえてくる。あと、チリの作家にロベルト・ボラーニョという人がいて、その人の作品もいいんですよ。いい小説を読むと、本当にうれしくなる」

「チーズケーキと紅茶」
という歌詞のこと

……そういった小説に、具体的にはどう影響を受けているんでしょう？

「どうでしょうねえ……その人の本物の言葉が出てるかどうか？　本物の言葉って強度を持つから、人に刺さるものなんです。僕もそういう言葉を持ちたいとは思ってますけどね。でも、歌詞は小説とはまた作り方が違うから。リズムとかメロディに乗ったときに、言葉がどう機能するかが重要になってくる。だから、言葉が登場する順番なんかもとても重要で。音楽は〝時間の芸術〟ですから。時間軸にそって進行していって、戻ることはできない。ディズニーランドのアトラクションみたいなものなんですよ。

たとえば『愛ってやつを』（'10年）っていう僕の曲があるんですけど〝愛というやつを〟だと曲として成立しない。小さい〝っ〟が入ることで成立している。歌詞はそういうことの積み重ねでもあるんです」

……そこに意味性はあまり重視しない？

「もちろん意味は重要ですけど。声にして歌われたときに、意味性が変容することもある。どこかでそれを期待してる部分もあるんです。こんな言葉がこんなふうに響くんだ、という発見があるから、一度はあらゆる言葉を机の上に乗せてみて。意味から入ることもあるし、ただ響きだけのときもある」

……最終的にはどう選ぶんでしょうか？

「最近リリースした『まぶしい世界』（'22年）って曲があるんですけど。自分のソロの曲で。でもそれ、僕が2019年に『はなればなれたち』という舞台に出て、その舞台が終わったときに作った歌なんです。

演劇って、ひとつの舞台を作り上げるのに何週間も稽古をして、本番が始まってもみんな毎日一緒にいるでしょ。だから、それが終わると、なんか抜け殻みたいになっちゃう。お花をもらって家に帰る、もうみんなとしばらく会うこともない、明日からまた新しい日が始まる、って思ったときに、なんだかキュンとして。

すごく好きな歌になったんだけど、どこか最後の一筆が入っていない気がして、ずっと寝かせてたんです。それが先日、ある冒険アトラクションのテーマソングを作ってほしい、って依頼があったときに『あ、あの曲いいかも』って引っぱり出してきて。

途中、ラップっぽいパートに〝チーズケーキと紅茶でお茶にごすおとなのように　簡単に「拒否」を身につけないで〟って歌詞があるんですけど。その『チーズケーキと紅茶』という出だしが、その曲のなかでいちばん好きなんですよ。意味はぜんぜんわからないけど、そこがすごく好きになって『ああ、完成したな』って思えたんです」

……完成に3年かかった。

「歌詞って、いつ終着駅に着くかわからないんです。3分でできてしまうこともあれば、何年もかかって、思いもよらないどこかにたどり着くこともある。

ただ、僕が思うのは、歌詞を当てるトライアルにしても、曲を作ることにしても、たくさんやらないと、いい曲ってできてこない。曲でいえば100曲に1曲くらいなんです。30年以上やって、ようやく10曲。2年くらいで1曲増えてたらいいな、っていうのが希望的観測ですね」

……「いい」の基準はあるんですか？

「自分のなかではABC評価で考えていて、C´のものは世に出せないかなあ。Cは可ですね。死ぬ気で頑張ったけどCだったな、という曲もよくあって。Aがつくことは、ほぼほぼない。もちろん、目指して作ってはいますけど」

……曲に対する評価は、ずっと変わることはないんですか？

「いや、ライブでやっていくうちにぜんぜん変わったりしますね。Cだった曲でも、生命力を吹き返してAになったりする。あとは、自分の感覚が完全に間違ってることもあるし、感覚が変わることもある。だから評価はあくまでも、僕の気まぐれで、個人的なことというか。

自分はまあまあだと思ってても、じつはその人の魅力が出てるってこともあるから、ある程度は人に委ねることも必要なんでしょうね」

「嘘をつかない」を
できることがいちばんすごい

……エッセイはどうですか？ 最初に書いたのはいつ？

「雑誌の『月刊カドカワ』だったかな。編集の人に『曽我部くん、エッセイを書いてみたら』って言われて、書き始めたのが最初ですね。『こういう映画を観にいった』とか『今、こんなものにハマってる』とか。たとえば〝ティム・バートンのSF映画を観て以来、宇宙人のことを調べたりして、空を見上げてUFOがいるんじゃないかと思いながら毎日歩いている〟みたいなこと。他愛のない内容ですね。本当に普通の日記エッセイ。植草甚一さんが好きだったから、かたくなくて軽快な感じの、ベタベタしない文章を真似てみたりして。やっていくうちに自分の書きやすい文章がわかってきて、それなりに楽しくなってきましたね、書くことが」

……プロットとか、起承転結は意識しましたか？

「当時はなんとなくおしゃれな文章というか、さらっとしていてあまり押しつけがましくないような……〝センスみたいなもの〟を出さなきゃいけないと思って、書いてた気がしますね」

……センスを感じる文章？

「それこそ植草甚一もそうですけど、片岡義男とか、池波正太郎とか。その人の持ってる審美眼、美学を共有する楽しさみたいな。普通の人にとってはガラクタだったり、見過ごされてしまうものを熱心に見つめて書くあのやり方は、読むほうに新しい価値観をくれるでしょ。〝植草甚一という最高のお店〟に遊びにいった、あれも気になる、これも欲しい！みたいな。自分もエッセイを書くなら、そういう感じにしたいと思ってましたね。

でも、ふと〝自分の気持ちみたいなもの〟をちゃんと書けたときに、あ、気持ちいい……ってなったんですよ。で、そこからは〝自分の心〟っていうか、ちゃんと自分自身のことを書かなきゃ、って思い始めて。コラムなんかを依頼されたら、なるべくそれを意識して書くようになりました。

昔は、自分のセンスをいかに出せるか、ってことを考えてた……だから、10年前の文章を読むと、なんかこう、甘ったるいですね。気取ってるっていうか。ちょっとはずかしい。今はもうちょっと本当の自分

――素直に作文を書いてたころの自分に戻れたらいいな、と思ったりするんです」

……その作文はどういうものだったんですか？

「小学4年生のとき、担任の先生に『曽我部くん、将来の夢というテーマで作文を書いてきて』と言われて、書いたものが地元の四国新聞に載ったんですよ。親も喜んじゃって。切り抜きが今でも実家にあるんじゃないかな（笑）。『ぼくは大きくなったらファーブルのような昆虫博士になりたいです』みたいなやつなんですけど。単にそのころ『ファーブル昆虫記』を読んでハマってた、ってだけのことで。おじいちゃんが生物の先生で生き物に詳しくて、それで読んでたのかな。

なんにせよ、その作文には起承転結もひねりもなんにもないんだけど、自分の素直さとか単純さが、つまり自分自身がちゃんと出ていて。そこに戻らないといけないな、と思ってるんです。なんか、かっこつけちゃってダメですね。でも50歳も過ぎたから、あとは戻っていくことかなと」

……曽我部さんのエッセイは、些細なエピソードから始まって、だんだん人生や愛の真理にたどり着く、そんな感じがあります。

「でも、その真理に行かなくてもいいんじゃないか、とも考えるんですよ。真理なんて誰にもわからないし。好きなものは好きなまま、些細なことは些細なまま、退屈なものは退屈なまま、ちゃんと書けてるのがいいと思うから。本当のところをちゃんと書けたかどうか

がすごく大切で、それが誰かの求める真理に結びついていなくても。退屈なことが退屈なまま書かれた文章が、誰かの何かの役に立つかもしれない。梶井基次郎の『檸檬』は、彼のその日1日の心模様を描いてるだけで、そこに人生の教訓があるわけじゃない。ぜんぜんない。だから、ある日の僕の役に立ったんです。

今回も編集の平井さんからエッセイのテーマをいろいろいただいて。お題はなんだっていいんです。そのお題に対して、自分がどう正直に書けるかが重要であって。真摯に書く。大喜利じゃないから答えを出さなくていい。答えがなければないでいい。お題にまっすぐ向き合う、それってやっぱり、自分に向き合うってことなんです」

……確かに、10年前のエッセイに比べて今回のエッセイは、自分に起きたことをひたすら重ねていくことで、読ませる文章として昇華させている気がします。

「うまいものが書けたとは思ってないですけどね。やっぱり〝嘘をつかない〟をできることが、いちばんすごいと思うんですよ。こうやって洋服を着て歩いてるだけで嘘つきみたいなものだし、生きるってことは、虚構の自分を作り上げていく積み重ねみたいなものかもしれない。じゃなくて表現というのは、嘘をつかないことをどこまでできるか、ということ。虚構をひとつひとつはがしていく、服を1枚1枚脱いでいって裸になる。それができたら、技巧がなかったとしても、それはそれで力があるんじゃないかな。うまくまとめようとか、うまく書こうとか、感動できるものにしようとかって頑張らなくても」

不純さも含めて
ちゃんと書けたら

「歌もまったく同じで。感動させようと思って作った曲は、それ以上のものにはならない。人間の感性とか人間性というものを本当に甘く見てるな、と思うんですよ。もっと深くて形にならない——勝ったとか負けたとか、そういうところとは関係のない、もっともっと形にならないものが人間の心だから。『このくらいで感動するでしょ』って曲は、リスナーのことをバカにしてると思う。

『お客さまは神さまです』って言葉、僕は本当にそう思ってるんです。全力でいかないと、すぐに見透かされる。こんなところでどうでしょう、なんてものはまったく相手にされないし、孫悟空がお釈迦さまの手のひらで暴れてるようなもの。だから思いっきり、100%どころか200%を出して、死ぬ気でやらないと届かないと思っていて。ちょっとした美学なんてものは通用しないというか。少なくとも、自分のお客さんはそういう人たちだと思うから。つねにいいものを、本当にいいものを求めてるだろうし、人生の救いを求めてる。みんな何十年も生きてきて、いろんなことがあったなかで、それでもこの歌に心がときめく、ってものじゃないと、やる意味はないですよね。

文章については本来、書かなくてもいいんだけど、自分の気持ちをちゃんと書けたときはすごく満足感があるので、そういう意味では、歌と文章で仕事の線引きはしてないかもしれないですね。それぞれの方法論で自分が表現できるってことだから、書くならちゃんと書きたいし。歌を生業にしてるけど『歌以外は遊びです』ってことはない。それはお芝居も含めて。結局は素直さってことです。自分を素直に表現できているか、風通しがいいかどうか」

……ただ何も考えていない、ということではなく。

「いい人ぶらずにね。人間、みんな不純なので、それが素直に出てればいいんじゃないですかね。不純さも含めてちゃんと書けてなんぼだと思うから。〝告白〟じゃないけど〝書いちゃったな〟みたいな。

僕も〝おしゃれなカフェに入ってグラスを見ている

と、その昔、中学生のときに万引きしたグラスのことを思い出した〟とか、そういうほの暗いものも書いてみたい。それを書かずに、その店の空気とかカップの素敵さを書いても、何かを取りこぼしてしまうというか。カップが思い起こさせた記憶――別に書かなくてもいいんじゃない？というようなことでも、じつは人間の思考って、そういうふうに動いてると思うので。ちゃんと書こうとすると、きっとそういう余計なことも出てきちゃうんです。

頭の中のことって、なかなか人には言えないですよね。でも、アーティストだったらそれを言わずして前には進めない。だからこそ芸術なんじゃないですか。要するに、日常生活というのは安全圏で、ここからここまでの範囲でコミュニケーションしていきましょう、という線引きがある。その枠を超えるかどうかがアートなのかな。超えることを提示するっていうか。だから、みんながエネルギーをもらえたりする。深いところでちゃんとつながれる感じもしますよね、小手先じゃなくて。魂の深いところで」

ハッピーをみんなで シェアしていく

……最近、旅はしていますか？

「最近はしてないですね。もうずっとしていない。20年くらい前は、ヨーロッパとかアジアとか、フラフラ行ってましたけど。向こうの知らない文化、違う文化に触れると、感性がびっくりして、自分自身も変わっていくからおもしろい」

……どんなことが刺激になったんでしょうか？

「日本との違いをまっさきに感じたのは、音。ハワイに行ってレンタカーしたときは、カーステレオの音がぜんぜん違って驚いた。FMを聴いてたんですけど、こんなに低音が出るんだと思って。体全体が気持ちいい低音に包まれる感じで。こりゃあダメだ、こんなに日常の音が違うんだったら、日本の音楽の音は負けちゃうわって……（笑）。イギリスでは、ライブの音もぜんぜん違ってましたね。けっこうライブハウスに行ったんですけど、向こうの音は、気持ちよくデカい。日本みたいに耳が痛い大きさじゃなくて、気持ちよく超デカいの」

……何が違うんでしょうね？

「固定観念の違いなのかな。機材自体は基本的に同じですからね。日本だと、ライブハウスに行ってマイクを立てると、低音があらかじめ切ってあるんですよ。いろんな意味合いで切るわけなんだけど、そもそも最初から〝切るもの〟と教えられているから、薄っぺらい音から始まる。エレキギターはこういう音、ベースはこう、シンバルはこう、バスドラムはこう、って固定観念があったりもするし。その点、海外は必要に応じて調整してくれる感じがあって。国民性というか、そういうのがちょっとあるのかも」

……向き合うスタンスでしょうか？

「かもしれませんね、ライブの楽しみ方なんかもそう。向こうは、普通のライブハウスだと夜8時くらいにオープンするんだけど、チケットが完売してるライブでも、ギュウギュウで動けないってこともないんで、まずはバーで飲むんですよ。前座が2～3組くらい出てきても、みんなでわいわい飲んでて。ヘッドライナーが出てくるのは10時過ぎくらいで、だから終わるのは11時とか12時になっちゃう。でも、終わったあともなんか、いい感じの雰囲気がずっと残ってて。

日本だと、目的のアーティストを見たらそそくさと帰るというか、どこか効率を考えて動く部分があるでしょ。でも海外は、その日のその空間を、みんなで作り上げているような感じ。『お金を払ってショウに来たけど、このハッピーをみんなでシェアしていこうね』って発想を感じて。その空気が素敵で、自分たちがライブをやるにしても、お店をやるにしても、そういう場にしたいと思ったんですよ。お金をもらうってことが第一にならないように」

……そういった欧米の、音楽やカルチャーに対する触れ方に共感する？

「共感というか、うらやましいですね。日本人もそういう精神がないわけじゃないと思うけど、表現の違いというか。やっぱりシャイさが勝っちゃうのかな。欧米って、当たり前のように誰かを助けよう、手を差し伸べよう、って文化でもありますよね。車をバックしようとすると、誰かが『オーライ、オーライ』なんて、頼まれもしないのにやってる（笑）。そういうところは見習いたいなって」

……欧米はいろんな背景の人、完全に考え方の違う人たちが集まっているから、共存するためにエクスキューズし合って生きていこうね、というのもありそうですね。

「だから、エレベーターの中でも『ハーイ』とかって笑い合うじゃないですか。人種がいろいろいるなかで、危険な衝突を回避する方法だと思うんですよね。敵意を持ってないよ、ってことをまず知らせる方法というか。そういう側面はもちろんありますよね」

……「ハッピーをシェアする」という考え方も、そこからくるもの？

「それって、地続きだと思うんですよ。危険回避からくるやさしさでもいいと思うし。身を守るために人にやさしくするでもいい。そこから始まるものだったとしても、それはそれでいいんじゃないかな」

キリスト教と
スーパースター

……音楽を聴き始めたのはいつごろですか？

「中学のころかな。まわりに洋楽を聴くような友達が多くて、それがきっかけで洋楽を。海外のものって"きらびやか"というか。それは当時も今も変わらないと思いますけど、やっぱりハリウッド映画なんかを観ても、お金がかかってる感じがして気持ちいいですよね。エンターテインメント感というか。洋楽も同じような雰囲気があって、いいなあと思って聴いてました。外国の文化に触れる、みたいな体験を、音楽や映画を通してやってたんでしょうね」

……そのころから、日本よりも海外の文化のほうが合うと感じていたんですか？

「共感というか、憧れというか。それはちっちゃいときからあったんですよね。母が敬虔なカトリックのクリスチャンだったので、その影響もあるんじゃないかな。僕ら兄弟もカトリックで育てられて。教会にも行ったし、毎晩お祈りもさせられた。そんななかで毎週、聖書も読んだりして。だから聖書は、壮大な物語に触れた最初の記憶ですね。聖書の考え方ってある種、欧米の文化のベースになっていますよね。だから、洋楽に深くのめり込んでいったとき、自分の育ったキリスト教の文化とつながったのかもしれない。洋楽にヘンな郷愁があった。

でも、教会独特のホーリーな雰囲気は好きだったけど、たまにやらされる告解はすっごくイヤでしたね。神父さまに自分の犯した罪を告白して、懺悔するんですけど。エッチなことを考えるのが罪だとしたら、そんなことは告白せずに、嘘ばっかりついてましたもん。『朝起きなくて、お母さんを怒らせました』とか、どうでもいいことばっかり言って（笑）。僕自身は敬虔なわけではないんですよ、だから」

……とはいえ、あらがいながらも影響を受けた部分はあるんですか？

「キリスト教には天国と地獄があって。悪いことをしたら地獄に落ちる。だから、悪いことはできない。でも、僕はエッチなことばっかり考えていたから、地獄に落ちる気がしていつも怖かったんですよ。そういう罪の意識とか、どこかでよき人であろうと考えてしまうアンビバレンツな部分は、結果的に影響を受けてるんだと思いますね。

今は天国や地獄があるなんて信じてないけど、子供のころは本当に怖かった。それだけが恐怖だった。だから自分のアイデンティティは、そんなカトリックの教義から抜け出して、いかに自分の考えや価値観を獲得するか、っていう闘いだったかもしれないですね。何が悪くて何がいいかは自分で決めたい、って今は思うし。地獄も天国もなくて、ただ今があるだけだ、って素直に思えるようにもなった。もちろん、キリスト教の教えが間違ってるとは思わないですよ。自分を形成している、大きな部分でもあるので」

……自分の核となる部分に、絶対的な存在はあるんでしょうか？

「神さまはいると思う。でも、ひげを生やして、白いローブを着て、後光の差した人物ではなくて。誰かの中のすごく大切な部分、輝いて見える部分、ふと口をついて出たやさしい言葉の中に、神さまはいるのかもしれない。

昔、母が僕のライブにやってきて『恵一、歌うときは神さまに歌うつもりで歌いなさい』って言ったんです。それがずっと心に残っていて。だから、神さまは見えないし、どこにいるかも、どんな存在かもわからないけど、いつも何か大きなもの、揺るがない絶対的なものを探しながら歌ってますね、僕は」

……それは、祈るということ？

「神に感謝すること、すべてに感謝することが祈りなんだとしたら、僕はときどき、お祈りをしてると思います。場所はどこだっていいんですよ。新宿に行ったら、花園神社でもお参りしますし。宗教や派閥なんかは関係なくて。人の中に祈る心があるってことが、すごく美しくて大事なことだと思うから。

でもまあ……僕はロックのほうがいいですね。ジョン・レノンとイエス・キリスト、どっちがかっこいいんだって訊かれたら、やっぱり僕はジョンかな。いい曲もいっぱい作ってますし。ただ、今から2000年前にジョン・レノンはいないわけで、キリストは、いわばその時代のスーパースターだったんでしょうね。そうとうなカリスマだったと思いますよ。やさしく輝くような言葉をかけてくれて、それが彼の死後、何百年も経って聖書になったんだから。今もどこかで普遍的な魅力を持っていて、それは本当にすごい魅力だと思います。イエス自身には〝宗教を作ってる〟つもりなんて、まったくなかったんでしょうけど」

20代はまだ
人生が始まっていなかった

……お子さんが生まれて、自由で縛られることのなかったそれまでの暮らしや意識は、どのように変化しましたか？

「20代はとにかく、好きな時間に起きて、好きなことをして、好きな時間に寝るっていう、そういう生活だったんです。音楽のことだけに集中していればいい、それが自分の存在意義だったから。まわりも自分もそれで幸せだった。

でも、7年くらいそんな生活を続けて、恋人が妊娠したんです。少し前に長く付き合った人と別れて、付き合い始めた遠距離恋愛の恋人だったんですけど。できちゃった結婚で、急に子供ができて、家族を持つことになって。取り巻く状況も自分自身も、少しずつ変わっていったと思います。それが30歳のとき。バンドもいったん休止して、事務所も辞めて独立して。とにかく、すべてを1回リセットしたい気分だった。とにかく、この新しい〝家族〟というものに向き合おうと思ったんです」

……はじめての子育ては大変でしたか？

「むしろ一人目のときは、大変だったけど楽しかったですよ。オムツを変えたり、お風呂に入れたり。僕はほとんど仕事をしてなかったし、妻と娘とのんびり過ごしてたから。朝起きて散歩に行く、買い物して帰ってきて、ごはんを食べて、レコードを聴いて眠りにつく。すごく穏やかな暮らしでしたね。あんまり曲は作ってなかったけど、思い返すと、どの場面にも音楽が流れていて。それと、赤ちゃんの甘い匂いと。すごく満たされた日々に思えますね」

……その後、状況が変わったと。

「妻が家を出てからが、それはもう本当に大変だったんですけど。その前に、二人目、三人目と子供が増えて。状況もさらにどんどん変わっていって。夫婦の関係も。いい匂いに包まれていた穏やかな暮らしも、そうじゃなくなってしまった、ぜんぜん。大事にしようと思う家族がギスギスしていくのは本当にイヤだったけど、どうしようもできなかった。

それは自分のダメさだと思います。結局、夫婦という関係は破綻してしまって。同時に、家族というものもドラスティックに変わらざるをえなくなった。それに関しては、後悔とか、懺悔とか、そんな気持ちがずっとあるんです。子供たちに申しわけなくて。お父さん・お母さんがそろった家庭を作り上げられなかったこと……母の日がくるたびに、心が苦しくなる。この子たちは何を思ってるかな、って考えて。

だからずっと、子供たちに笑顔があれば、それだけでいいと思うようになった。巨大な悲しみの中に今はいるかもしれないけど、楽しいことをちょっとでも増やすとか、子供たちのその悲しみを一緒に抱えておくとか。僕にできることをするしかない。彼らがどんな気持ちかって想像しようとしても、僕には母親がいなかったことがないので。だから、できることをするしかない、ずっとそう思って暮らしてますね」

悲しみも喜びも全部ある、最高の人生

……そこから、作る音楽も変わってきましたか？

「今こんなふうに、歌ってることも、笑ってることも、泣いていることも、今につながるそれまでの人生があったからで。僕が作る歌は全部、今のこの人生からしか出てこないものだと思ってるんです。子供が3人いて、シングルファーザーがいて、犬が1匹いて、そういう人生からしか出てこないもの。

子供がいるからこその大変さ、家族を破綻させてしまったことの悲しみ、後悔もあって、そうしたところから歌が出てくる。ブルースですよね。苦しみを歌うということ。でも一方で、そこから解放されるために歌ってもいる。光に向かって歌っている。涙が出そうになりますもん、生きてると。だから今は、その一連を歌で表現してるのかな、って思ったりします」

……その心模様は、歌詞にも反映されているんでしょうか？

「歌詞がどうだというよりも、自分のあり方の問題というか。真剣に生きるように、真剣に歌うようになったと思います。必死というか。裏を返せば、20代のころはそこまで真剣じゃなかった。ただ楽しんで、のんびりとやっていた。幸せだったともいえますよね。ただ無邪気に、好きなものに向かっていて。今の僕からしたら、ちょっとうらやましく思う瞬間もある。音楽も、聴く人が聴いてくれればいいや、くらいにしか思ってなかったかも。そのころの自分の歌を聴くと、透明感があってかわいくて、単純に『いいなあ』って思いますもん。

でも、そんな歌い方には戻れないんです。声帯が変わってしまったわけじゃないのに。ふわふわした雲みたいに歌ってたのが、結婚して子供ができてから、徐々に変化していって。生活感が出たというよりも、生活

そのものになっていったというか。もちろん、若いころだってつねに音楽には向き合ってたんですよ。でも、自分の中に子供の気持ち、奥さんの気持ち、仲間の気持ちが入ってきて。彼らと自分がいて、取り巻くいろんな状況があって、それらすべてとしゃべるように歌うようになったというか。苦しみや喜びもたっぷり入った音楽になった。だからなのかな、そのときようやく人生が始まった、という感じがするんです」

……そう思えるくらい、以降の人生が色濃い、詰まったものになったんですね。

「最高ですね、濃くて。いうなら、血がドバドバ出るし、苦しみも悲しみも、喜びも全部ある」

……それが人生だと。

「そう思いますね。神さまがいるとしたら、この人生を自分に与えてくれてありがとう、って言いたい。生きれば生きるほど歌も濃く、自分自身のものになっていく。この先、いろんな悲しみや苦しみがあると思うけど、そのたびに、歌もよくなっていくんだと思います。この間、仲間たちと『何歳まで生きたい？』って話をしてたんですけど、そういう意味では、まだまだ生きたいですね。100歳になったら、ものすごい音楽ができるんじゃないかな」

想いを重ね合わせるのがライブをやる意味

……人生が始まったことによって、音楽へのスタンスも確実に変わったということですよね。

「そうですね。〝なんのために歌っているか〟というようなことが、変わったんだと思いますね。20代のころは『別に』『ただ好きだから』っていう、それだけだったのが、今なら確実に『生活のため』っていうのがひとつある。生きるためっていうか。デパートの屋上で歌うなんてこともありますし。でも、楽しいですよ。

お客さんに喜んでもらえて、お金までもらえるの？みたいな。最高だよ。僕が中学生のころにローリング・ストーンズを見て抱いた、あのときの感情とまさに同じだなって思いますね。

自分の人生の喜びも苦しみも、表現するほどにお客さんにも伝わっていく感覚があるんですよ。特にライブをやってると、目の前のお客さんたちが、彼ら自身の喜びや苦しみをそこに重ね合わせていくのがわかる。その重ね合わせが美しいんです。こっちが感動するんですよ。それだけがライブをやる意味というか、それって最高に幸せな瞬間だなって。やればやるほどいい。でも、小出しはダメ。〝全出し〟しないと」

……全ライブ、全出し？

「全ライブ、全出しです。間違って小出しで終わったりなんかすると、すごいフラストレーション」

……全出し人生、疲れませんか？

「わりと疲れないんですよね。お客さんからもパワーをもらってるんだと思います。個人的な想いをただ歌うんですけど、そこにみんなが想いを重ね合わせていく瞬間があって。それはオーラみたいなもので〝波長が合う〟というか。そうなったライブなんかは、もうどこまでもいこう！って感じで、ただただ最高ですよ」

経験を積んだからこその実力もある

……ライブをやり続ける理由、歌い続ける理由はどんなところに？

「仕事がくるから、かな。今はだいたい1年間に100本くらいライブをやってるんですけど、依頼がこなければ、もうちょっと減らしてもいいんじゃないか、とは思ったりしますね。半分くらいでもいいかもな。ただ、1週間も歌ってないと後退するんですよ、歌が。これが困ったもので……。だからやっぱり、日々歌ってないとダメですね、結局、減らせない（笑）」

……求められている？

「オファーはずっとありますね、本当にありがたいことに。僕には子供たちもいるし、長期のツアーは入れられないから、自然と単発の仕事を受けることが多くなっちゃって、それで今のこのスタイルになって。それはそれでいいのかな、って思ってるんです。経験になるんですよ、いろんな現場があるから。〝下積みがあるからこそできるおもしろいこともある。逆に、若いうちに成功しちゃうと経験値が削がれる。だから、売れないことは悪いことじゃないんだよ〟みたいなことを、誰かが書いてるのを読んだことがあって。若くして大成功しちゃうと薄っぺらな実力になっちゃうよ、ってことですよね。

どの世界でも、たとえばお笑いなんかでも、そういうパターンって多いんじゃないかな。ストリップの前座とか、地道にやってきてる芸人さんもいるじゃないですか。そういうところからスタートした人って、やっぱりぜんぜん違うんだろうなって。自分の場合も、デパートの屋上のガヤガヤしたところでやるライブだって、しっかり経験値になってると思うし。PAとかスピーカーがなくたって、どこでも歌えるようになったし。だから、すごく売れてる人を見ても『デパートの屋上の営業でしか得られないスキルは、あいつらにはないな』なんて思ったりして……そうやって、自己正当化してるわけなんです（笑）。まあ、とにかくみんな『どうやったら売れるか』っていうのを、どうしても考えちゃうけど、それだけじゃないと思うんですよね。経験を積んだからこその実力って、絶対あるだろうなって。

だから年齢を重ねても、単純に楽しんでやってますよ。こういうスタイルって、ほかにあんまりない気がするし。好き勝手にやれていて、いいんじゃないかなって思ってるんです」

護国寺にある光文社7階の会議室をキープしてくれたのだった。コンセントと長机といくつかの椅子だけのガランとした清潔な会議室に朝の10時く(遅刻しましたが……)から夜の9時くらいまで、(2日間)閉じこもって書いたのが、この本の大半の文章です。最後に家族それぞれについて書いて、本ができたのだけど、前がきにも書いたけど、ぼくはなんとなく完成した感じがしていない。でも、その未完成な自分を見つめて、以前ほどイヤな感じがしないってことは、今はこれで(これが?)いいのかな、なんて、ぼんやりと。

そんなわけで、読んで下さったみなさま、どうもありがとうございます。また、どこかで会えますことを。

special thanx

インタビューの山村さん、

写真を撮ったセイジ(あの日はマジカルな日だった!)

マネージャー ユキさん

そしてもちろん平井さん

PS. カンヅメの2日間は秋のとても気持ちいい2日間。平井さんが差し入れてくれた昼食がとても美味だったことを記して筆をおく。

曽我部恵一

2022年12月18日(もう19日)夜

再発されたばかりのThe Pastels "The Last Great Wilderness"のレコードを聴きながら。

あとがき

夕ごはんを食べるあたりから涼とうみが言い争いを始め、
けっこう気が滅入っていたのだけど、コイルの夜の散歩（もう24時だ！）に行って帰って来て、昨日桐生で買った万華鏡をのぞいてたら、だんだん落ち着いた気分になってきた。
レコードを静かな音でかけ（ハルが寝たから音大きいと怒られる…！）机に向かって「あとがき」を書き始めた。朝買ったスタバのソイラテ、すっかり冷たくなったそれを飲みながら。

最初は「いままでいろんなところに書いてきたコラムをまとめて、すこし書き下ろしも足して本にする」という話だったので、ぼくは編集の平井さんに「いいですよ〜」と完全にユルめの返事をしたのだった。ここ10年くらいは「いいですよモード」なのだ、ぼくは。近ごろそれが加速しているかもだけど、まあ、流れに乗っていると（乗らされていると）たいてい、おもしろいことがあるので、今回もそんな感じで。で、いつの間にか「全編書き下ろしエッセイ集」となっていたのだけど、これは編集の平井さんの魔法です。ぼくもついつい、書き下ろしちゃったわけで。

とは言え、「多忙な」ぼくなので、エッセイを書き下ろす時間を見つけるのはたいへん難しかった。ダメもとで「あのー、なんか、こう、作家さんとかってホテルに缶づめになって書いたりしますよね…へへへ…」などと言ってみると、平井女史は「あ！それなら出版社の会議室を取りますよー！そんな（缶ヅメとかする）人、あまりいらないですけど〜」と、

曽我部　恵一

1971年8月26日生まれ。乙女座、AB型。香川県出身。'90年代初頭よりサニーデイ・サービスのヴォーカリスト／ギタリストとして活動を始める。1995年にファーストアルバム『若者たち』を発表。'70年代の日本のフォーク／ロックを'90年代のスタイルで解釈・再構築した新しいサウンドは、聴く者に強烈な印象を与えた。2001年のクリスマス、NY同時多発テロに触発され制作したシングル「ギター」でソロデビュー。2004年、自主レーベルROSE RECORDSを設立し、インディペンデント／DIYを基軸とした活動を開始する。以降、サニーデイ・サービス／ソロをはじめとする音楽活動、執筆や俳優など、形態にとらわれずに表現を続けている。著書に『昨日・今日・明日』『虹を見たかい?』など。

撮影　石垣星児
デザイン　吉田昌平（白い立体）
インタビュー・構成　山村光春（BOOKLUCK）
協力　水上由季（ROSE RECORDS）
編集　平井茜

いい匂《にお》いのする方《ほう》へ
2023年1月30日　初版第1刷発行
2023年12月25日　第3刷発行

著者　曽我部《そかべ》　恵一《けいいち》

発行者　三宅貴久
発行所　株式会社　光文社
〒112-8011　東京都文京区音羽1-16-6
03-5395-8172（編集部）
03-5395-8116（書籍販売部）
03-5395-8125（業務部）
non@kobunsha.com
落丁本・乱丁本は業務部へご連絡くだされば、お取り替えいたします。

印刷所　堀内印刷
製本所　ナショナル製本

ISBN978-4-334-95357-7